Sathya Sai Baba spricht

Band 1

Ansprachen aus der Zeit von 1953–60

zusammengestellt von
N. Kasturi, M.A., B.L.

Sathya Sai Vereinigung e.V.

Die Reden wurden in Telugu, Sprache der südindischen Provinz Andra Pradesh, gehalten. Zusammenstellung und Übersetzung ins Englische: N. Kasturi.
Titel der englischsprachigen Ausgabe: Sathya Sai Speaks, Vol. IV. Sathya Sai Books and Publications Trust, Prashanti Nilayam, Indien.
Übersetzung vom Englischen ins Deutsche von Hardy und Shanti Fechner

Die Deutsche Bibliothek – CIP-Einheitsaufnahme

Sathya Sai Baba:
Sathya Sai Baba spricht / zsgest. von N. Kasturi. Sathya Sai Vereinigung e.V., Dietzenbach. – Dietzenbach: Sathya Sai Vereinigung
Bd. 1. Ansprachen aus der Zeit von 1953 – 60 / [Übers. vom Engl. ins Dt. von Hardy und Shanti Fechner]. – 3., überarb. Aufl. – 1999
ISBN 3-932957-06-7

3. Auflage 1999

Sathya Sai Vereinigung e.V., Buchzentrum, Grenzstr. 43,
D-63128 Dietzenbach
Herstellung: Richarz Publikationsservice GmbH, D-53757 St. Augustin

Inhalt

Das erste Lied

Als ich in Uravakonda die Schule besuchte, warf ich eines Tages die Bücher beiseite und erklärte, daß mein Werk auf mich warte. Mein Vorredner hat euch den Vorfall jenes Nachmittags in seiner Rede beschrieben. An jenem Tag, als ich mich öffentlich als Sai Baba erklärte, verließ ich das Haus des *Pandits*, in dem ich lebte, ging in einen Garten und lehrte die dort versammelte Gruppe das erste Lied:

> Singe mit Verehrung im Herzen zu Füßen
> Des göttlichen Lehrers, denn es ist schwierig,
> Das Meer des Lebens und des Todes zu
> Durchqueren ...
> (Mānasa bhajare guru caranam
> Dustara bhava sāgara taranam...)

Ich rief alle jene auf, die diesen endlosen Kreislauf von Geburt und Tod erleiden, in Anbetung zu Füßen des *Gurus*, des göttlichen Lehrers, zu sitzen, der erklärt hat, daß er wiedergekommen ist, um die Bürde derer auf sich zu nehmen, die Zuflucht zu ihm nehmen. Das war meine erste Botschaft an die Menschheit: „Laßt eure Anbetung von Herzen kommen." Ich brauche eure Blumengirlanden und Früchte nicht; diese Dinge, die man für ein paar Pfennige kaufen kann, gehören nicht wirklich euch. Gebt mir etwas, das wirklich euer ist, etwas, das rein ist und duftend wie der Wohlgeruch der Tugend und Unschuld, etwas, das in den Tränen der Reue gewachsen ist! Ihr bringt Blumengirlanden und Früchte als äußeren Ausdruck eurer Verehrung, um Aufmerksamkeit zu erregen. Arme *Devotees*, die sich nicht leisten können, etwas zu bringen, werden dadurch gedemütigt und sind traurig, daß sie nichts haben, um ihre Verehrung zu zeigen. Laßt den Herrn in eurem Herzen wohnen, und bringt ihm die Früchte eurer Handlungen und die Blumen eurer innersten Gedanken und Gefühle. Das ist die Art der Anbetung, die mir am liebsten ist, die Verehrung, an der ich den größten Gefallen finde.

Jedes Geschäft führt bestimmte Waren, die einzeln oder abgepackt verkauft werden. Auf einer Ausstellung jedoch werden die Waren vieler Hersteller der breiten Öffentlichkeit mit großer Ausstattung und viel Aufwand dargeboten.

Ich habe bisher nur einzelnen Menschen Ratschläge erteilt und Fragen beantwortet. Das entspricht dem Angebot eines Einzelhandelsgeschäftes. Diese heutige Ansprache ist eine neue Erfahrung für euch. Wenn es auch für euch neu sein mag, für mich ist es nicht neu. Ich habe schon früher in großen Versammlungen meinen Rat gegeben, wenn auch nicht während dieser Inkarnation als Sathya Sai Baba. Immer wenn das formlose Absolute Gestalt annimmt, hat es eine Mission zu erfüllen, und das geschieht auf verschiedene Weise. In welchem Zeitalter das auch geschehen mag, der Zweck ist immer die Umerziehung des Menschen.

Wie ich euch schon öfter erzählt habe, waren die ersten 16 Jahre dieses Lebens eine Zeit der göttlichen Spiele *(līlā)*. In den nächsten 16 Jahren werden es meistens Wunder sein, welche die Menschen glücklich machen werden. Gefühle der Freude und Zufriedenheit sind jedoch nicht von Dauer. Ihr müßt euch bemühen, sie zu eurem bleibenden Besitz zu machen, dann wird daraus Glückseligkeit *(ānanda)*. Ihr werdet erleben, daß ich mich nach meinem 32. Jahr mehr und mehr der Aufgabe widmen werde, die irrende Menschheit zu belehren und die Welt auf den Pfad der Wahrhaftigkeit (*satya*), der Rechtschaffenheit *(dharma)*, der Friedfertigkeit *(shānti)* und der Liebe *(prema)* zu führen.

Das soll nicht heißen, daß ich vorhabe, die göttlichen Spiele *(līlā)* und das Wirken von Wundern ganz aufzugeben. Es wird dann jedoch meine Hauptaufgabe sein, die Menschheit zur göttlichen Ordnung *(dharma)* zurückzuführen und ihr falsches Denken zu korrigieren.

Laßt euch nicht zu Zweifeln und unnützen Streitgesprächen verleiten, macht euch keine Gedanken, ob und wie ich all dieses vollbringen kann. Die Kuhhirten von *Brindāvan* haben zuerst auch bezweifelt, daß *Krishna*, der kleine Junge, der in ihrer Mitte aufwuchs, den Govardhana Berg aufheben und hochhalten könnte. Was ihr braucht, ist Glauben und nochmals Glauben.

Krishna und *Arjuna* gingen einmal zusammen spazieren. Ein Vogel flog vorbei und *Krishna* fragte *Arjuna*: „Ist das nicht eine Taube?" Dieser antwortete: „Ja, es ist eine Taube." Dann sagte *Krishna*: „Es mag auch ein Adler sein." *Arjuna* antwortete prompt: „Ja, es ist ein Adler". „Nein, *Arjuna*, es scheint mir eine Krähe zu sein. Ist es nicht eine Krähe?" fragte *Krishna*. *Arjuna* sagte: „Ach ja, es ist ohne Zweifel eine Krähe." *Krishna* lachte und schalt ihn, daß er allem, was er vorbrachte, zustimme. Aber *Arjuna* sagte: „Deine Worte haben mehr Gewicht für mich als das, was das Auge bezeugt. Du kannst machen, daß es eine Krähe, eine Taube oder ein Adler ist, und wenn Du sagst, daß es eine Krähe ist, dann muß es eine Krähe sein." Unbedingter Glaube ist der Weg zu spirituellem Erfolg.

Der Herr liebt die Hingabe des Gläubigen. Die Gnade des Herrn ist wie das reine Wasser des Regens: Überall, wo es hinfällt, ist es das gleiche, aber im Geschmack ist es verschieden je nach der Art der Erde, durch die es fließt. So sind auch die Worte des Herrn süß für die einen und bitter für die anderen. Die Wege des Herrn sind unerforschlich. Er segnete Vidura, den Sohn *Vyāsas*, mit den Worten: „Du sollst vernichtet werden!" Und Duhshāsana mit den Worten: „Du sollst noch tausend Jahre leben!" Er meinte damit, daß Viduras Ego vernichtet werden und der böse Duhshāsana noch für zehn Jahrhunderte die Drangsal und Mühen der Welt erleiden müsse. Ihr kennt die wahren Hintergründe für das Wirken des Herrn nicht. Ihr könnt nicht einmal die Beweggründe anderer Menschen verstehen, die euch in allem ganz ähnlich sind, die von den gleichen Motiven getrieben werden und die gleichen Neigungen und Abneigungen haben! Und doch glaubt ihr, die Motive des Einen, der so hoch über dem Menschen steht, erkennen zu können! Ihr sprecht mit großer Beredsamkeit darüber und bildet euch ein Urteil über etwas, das für euch so fremd ist wie die Luft für den Fisch!

Es gibt vier Arten von Menschen: Die „Toten", die Gott verneinen und behaupten, frei und unabhängig zu sein und alles selbst bestimmen zu können, die „Kranken", die sich an Gott wenden, wenn ein Unglück sie trifft oder wenn ihre üblichen Hilfsquellen vorübergehend versiegen, die „Trägen", die wissen, daß Gott der ewige Wächter und Begleiter ist, sich aber nur hin und wieder, wenn der Gedanke stark und offenkundig wird, daran erinnern, und schließlich die „Gesunden", die beständig in ihrem Glauben an Gott sind und immer in seiner erquickenden, schöpferischen Gegenwart leben.

Durch die harten Erfahrungen, die ihr in der Welt macht, wandert ihr vom „Tod" zum „Leben" und von der „Krankheit" zur „Gesundheit". Die Welt spielt eine sehr wichtige Rolle im Lebenslauf des Menschen. Die Qual der Ruhelosigkeit *(ashānti)* bewirkt die Geburt des Kindes, nämlich der Weisheit *(jnāna)*. Die Schmerzen machen sich bezahlt, sie sind ein Zeichen neuen Lebens. Von Ruhelosigkeit *(ashānti)* gelangt ihr zu höchstem Frieden *(prashānti)*. Innerer Frieden führt euch über spirituelle Einsicht zum Licht göttlicher Offenbarung *(paramjyotis)*. Der ständige Wechsel von Freud und Leid ist wie der Wechsel von Tag und Nacht. Tag und Nacht sind Zwillingsschwestern. Beide sind notwendig, um die Fruchtbarkeit der Erde zu fördern, um Leben zu erhalten und zu erneuern. So ist es auch mit Sommer und Winter. Manche Leute bitten mich: „Baba, bitte laß es diesen Sommer nicht so heiß werden!" Aber in der Hitze des Sommers nimmt die Erde die Lebenskraft der Sonne auf, so daß sie, wenn der Regen dazukommt, eine reiche Ernte hervorbringen kann. Kälte und Hitze sind beide in Gottes Plan enthalten. Das müßt ihr wissen und den Wert von beiden erkennen. Es gibt in der Natur Pflanzen mit und ohne Dornen, und der weise Mensch kennt den Wert beider. Um die dornenlosen Pflanzen, die er hegen will, zu schützen, pflanzt er dornige Büsche um sie herum.

Das Gesetz von Ursache und Wirkung *(karma)* kann sowohl retten als auch töten. Es ist wie die Katze, die ihre Jungen mit den Zähnen im Nacken packt, um sie an einen sicheren Ort zu bringen, die Ratte aber mit den Zähnen packt, um sie zu töten und zu fressen. Wenn ihr wie ein junges Kätzchen werdet, dann wird dieses Gesetz euch wie eine liebende Mutter retten; wenn ihr einer Ratte gleicht, dann seid ihr verloren.

Das Göttlich-Absolute *(paramātman)* zieht die individuelle Seele *(jīva)* an sich. Beide sind nicht nur eng miteinander verwandt - sie sind eins! Sie sind wie das Eisen und der Magnet. Wenn das Eisen jedoch rostig und mit Schmutz bedeckt ist, kann der Magnet es nicht anziehen. Entfernt das Hindernis, das ist alles, was ihr zu tun habt! Erstrahlt in eurem wahren Wesen, dann wird Gott euch an sein Herz ziehen. Durch Prüfungen und Leiden wird der Reinigungsprozeß gefördert. Darum wurde *Krishna* von *Arjunas* Mutter *Kuntī* gebeten: „Sende uns viele Prüfungen, damit wir immer Deiner gedenken." Der Arzt verordnet Diät und Beschränkungen in eurer Lebensweise, um damit die Wirkung der Medizin *„nāmasmarana"* zu unterstützen, d.h. die Wiederholung der Namen des Herrn noch wirksamer werden zu lassen. Sais Liebe ist allumfassend, und deshalb hört er auf jeden

Namen, der euch lieb ist. Die Denkweise des einzelnen ist je nach Temperament und Charakter verschieden. Beide wurden durch gute und schlechte Taten während vieler früherer Inkarnationen auf dieser Welt erworben. Der Besitzer eines Kaffeehauses besorgt sich Tabletten in der nächsten Drogerie, um seine Kopfschmerzen zu bekämpfen, und der Drogist geht in das Kaffeehaus, weil er glaubt, daß eine Tasse Kaffee ihn von seinen Kopfschmerzen befreien kann. So sind die Menschen! Der Weise sagt: „Alles ist Gott"; der andere, ein *Yogi*, sagt: „Alles ist seine Schöpferkraft" und ein dritter, ein *Devotee*, sagt: „Alles ist Gottes Wille." Dem Stand seiner spirituellen Entwicklung gemäß drückt es jeder auf seine Weise aus. Verlacht keinen von ihnen, denn alle sind Pilger, die auf der gleichen Straße mühsam voranzukommen suchen.

Spirituelle Disziplin *(sādhana)* ist dringend notwendig, um Herrschaft über die Gedanken und Sinne, die jedem Verlangen nachgeben wollen, zu gewinnen. Wenn ihr feststellt, daß euch das nicht gelingt, gebt eure spirituellen Übungen *(sādhana)* nicht auf, sondern bemüht euch noch mehr. Wer schlechte Noten in einem Fach bekommen hat, muß sich besonders anstrengen, um das Klassenziel zu erreichen. Spirituelle Übungen *(sādhana)* sind das Bemühen, innere und äußere Reinheit zu erlangen. Ihr fühlt euch nicht erfrischt, wenn ihr nach einem Bad keine saubere Kleidung anzieht, nicht wahr? Und ihr fühlt euch auch nicht wohl, wenn ihr frisch gewaschene Kleidung anzieht, ohne vorher gebadet zu haben. Beides ist notwendig: äußere sowie innere Sauberkeit.

Kinder glauben euren Worten, wenn ihr ihnen sagt, daß der Polizist sie einsperren oder der „böse Mann" sie verprügeln wird. Sie fürchten sich vor allem Bösen und sind voller Demut und Glauben. Aber jetzt, in eurem Alter, da eure Köpfe mit allen möglichen Dogmen und Theorien angefüllt sind, habt ihr es schwerer und müßt den Weg zu Gott mit Hilfe eures Unterscheidungsvermögens *(viveka)* finden. Ich muß euch sagen: ihr habt keine andere Wahl! Alle Wesen werden Gott früher oder später erreichen, entweder auf dem langen oder auf dem kurzen Weg.

Prashanti Nilayam, Vijayadasami 1953

Vollkommene Hingabe

Ich halte keine „Reden“, meine Vorträge sind Unterweisungen. Ich möchte, daß ihr jedem Wort, das ich sage, mit ehrfurchtsvoller Aufmerksamkeit folgt. Ihr könnt immerwährendes Glück nur dann erlangen, wenn ihr meinem Rat folgt, und darum bestehe ich darauf, daß ihr aufmerksam zuhört und euch alles zu Herzen nehmt, was ich sage. Eure Glückseligkeit ist meine Nahrung.

Gottes Liebe ist wie ein großer Berg. Selbst wenn Armeen von Ameisen versuchen würden, ihn abzutragen, würde er nichts von seiner Größe einbüßen. Gott ist ein Meer der Gnade ohne eine begrenzende Küste. Hingebungsvolle Liebe zu Gott *(bhakti)* ist der leichteste Weg, um seine Gnade zu gewinnen und zu erkennen, daß alles von Gott durchdrungen ist - ja, daß tatsächlich alles Gott ist!

Alles dem Willen Gottes zu überlassen *(sharanāgati)*, ist die höchste Form der Liebe zu Gott *(bhakti)*. Ein *Brahmane* durchquerte einmal ein Flußbett, in dessen Nähe einige Männer Kleidungsstücke wuschen. Als diese sahen, daß er einen schönen, seidenen Umhang trug, fielen sie alle über ihn her. Sie schrien, der Umhang gehöre dem Palast, er sei ihnen zum Waschen gegeben worden, und er habe ihn gestohlen. Während die Schläge auf ihn niederprasselten, rief der arme *Brahmane* in seiner Not den Herrn mit *„Nārāyana, Nārāyana“* an. Der Herr erhob sich von seinem Thron im Himmel, um ihm zu Hilfe zu eilen. Im nächsten Augenblick kehrte er jedoch um und nahm wieder Platz auf seinem Thron. Seine erstaunte Gemahlin fragte ihn nach dem Grund seines merkwürdigen Verhaltens. *Nārāyana* sagte: „Ich wollte dem armen *Brahmanen*, der in die Hände der Halunken gefallen war, helfen, aber er hatte angefangen, sich zu wehren und jeden Schlag mit einem Gegenschlag zu vergelten. Er brauchte also meine Hilfe nicht mehr.“

Wenn die Liebe zu Gott *(bhakti)* als zartes Pflänzchen zu sprießen beginnt, muß es geschützt werden. Der Zaun ist die göttliche Urordnung *(sanātana dharma)* mit ihren Vorschriften, Richtlinien und Geboten. Wenn die Frucht grün ist, wird sie auch beim größten Sturm nicht fallen, aber wenn sie ganz reif ist, fällt sie selbst in der Stille der Nacht zur Erde. Ein kleines Feuer wird im Rauch ersticken, wenn man etwas grünes Holz darauf legt, aber ein Waldbrand wird selbst den grünsten Baum, der ihm bei seinem ungestümen Vormarsch in den Weg kommt, zu Asche verbrennen! Es ist notwendig, das Ego zu besiegen. Der Ochse brüllt: „Ham hai, ham hai," (ich bin, ich bin) in seinem egoistischen Stolz. Und so wird er schon wenige Tage nach seiner Geburt von seiner Mutter getrennt an einen Pfahl gebunden. Auch wenn er durch viel Arbeit und Schläge nur noch aus Haut und Knochen besteht, haben die Demütigungen seinen Stolz nicht gebrochen. Selbst wenn seine Haut stramm auf eine Trommel gespannt wird, erklingt es: „Ham, ham, ham" (ich, ich, ich). Wenn die Haut jedoch, in dünne Streifen geschnitten, als Saiten auf einem Instrument gezupft wird, läßt der Ochse endlich erkennen, daß die vielen Strafen, die er erleiden mußte, nicht umsonst waren; er summt: „tum, tum, tum" (du, du, du) - und sein Ego ist verschwunden. Ein *Devotee Vishnus* geht singend, die Herrlichkeit Gottes preisend, durch die Straßen. Er läßt in der rechten Hand die Zimbeln mit dem ewigen Duett von gut und schlecht, von Freud und Leid und mit der Linken das Tamburin des Wechsels menschlicher Existenz *(samsāra)* erklingen. Das ist die Melodie, die Begleitung, zu der er seine Lieder singt. Die Begleitung sowie das Einhalten des Taktes haben den Zweck, die Wirkung des Liedes, das mit dem Munde zur Ehre Gottes gesungen wird, zu erhöhen.

Ich erinnere mich, daß ich, während ich in meinem früheren Körper als *Shirdi Sai Baba* in Mahārāshtra war, einem Fragesteller gesagt habe, daß es drei Arten der Frömmigkeit gibt: Bei der ersten gleicht der Gläubige einem Vogel, der sich so gierig auf die reife Frucht am Baum stürzt, daß sie seinem Griff entfällt. Die zweite Art ist die eines Affen. Dieser reißt eine Frucht nach der anderen ab und kann sich in seiner Unbeständigkeit nicht entscheiden, welche er haben will. Ein Sucher mit dieser Art wechselt sein Ziel viel zu oft, so daß er alle Chancen auf Erfolg verliert. Die dritte Art der Frömmigkeit gleicht der Beständigkeit der Ameise, die sich langsam aber stetig der süßen Frucht nähert. Wie sie geht der Gläubige mit ungeteilter Aufmerksamkeit dem Herrn entgegen und gewinnt seine Gnade!

Liebende Hingabe und unerschütterlicher Glaube sind die beiden Ruder, mit denen ihr das Boot sicher über das wechselvolle Meer des Lebens bringen werdet. Ein Kind bat seine Mutter vor dem Schlafengehen: „Mutter, bitte wecke mich auf, wenn ich Hunger habe." Die

Mutter antwortete: „Das ist nicht nötig, dein Hunger selbst wird dich wecken.“ Genauso ist es, wenn der Hunger nach Gott sich einstellt. Dieser Hunger wird dafür sorgen, daß ihr nach der Nahrung sucht, die ihr braucht. Gott hat euch den Hunger gegeben, und er gibt euch die Nahrung; er läßt euch krank werden und er sorgt für die Medizin. Eure Pflicht ist es, für euren Hunger die richtige Nahrung und für eure Krankheit die richtige Medizin zu finden!

Der Mensch muß das Joch weltlicher Existenz tragen, bis er zusammenbricht. Das ist das Training, das euch lehren wird, die mit den Sinnen wahrnehmbare Welt als relative Wirklichkeit zu sehen. Davon werden euch auch noch so viele Vorträge nicht überzeugen; das kann nur durch die eigene Erfahrung geschehen. Wer dem Feuer zu nahe kommt, verbrennt sich. Nichts lehrt euch besser, dem Feuer nicht zu nahe zu kommen, als die eigene Berührung damit. Andernfalls seht ihr nur das Licht. Feuer aber besteht aus beidem: Hitze und Licht; ebenso ist dieses Universum beides: Wirklichkeit und Illusion.

Heutzutage ist es zur Gewohnheit geworden, andere zu beurteilen, indem sie entweder zu Gläubigen oder zu Atheisten gestempelt werden. Doch wie könnt ihr wissen, was im Herzen eines anderen vor sich geht? Es war einmal eine Königin, die fest an die Göttlichkeit *Rāmas* glaubte. Sie war sehr traurig, weil sie annahm, ihr Gemahl, der König, habe keinen Glauben, denn er sprach nie den Namen des Herrn aus. Sie legte das Gelübde ab, sie werde in allen Tempeln Gottesdienste abhalten und die Armen reichlich speisen lassen, sobald er erste Anzeichen der Frömmigkeit oder wenigstens Achtung vor dem Namen *Rāmas* zeigen werde. Eines Nachts, als er in tiefem Schlaf lag, sprach der König dreimal andächtig und ehrfürchtig den Namen *Rāmas* aus. Die Königin hörte das und war sehr glücklich, die Liebe ihres Gemahls zu *Rāma* entdeckt zu haben. Sie ordnete im ganzen Königreich Freudenfeste und Speisungen für die Armen an. Der König wußte den Grund für die Feierlichkeiten nicht; es wurde ihm nur gesagt, daß sie auf eine Anordnung der Königin zurückzuführen seien. Wie hier die Königin so mag auch mancher Ehemann nicht wissen, welche spirituellen Höhen seine Frau erklommen hat. Hier ein anderer Fall: Auf seiner Pilgerreise zu einem schwer erreichbaren heiligen Schrein bahnte sich ein Ehepaar mühsam den Weg durch den Dschungel. Der Ehemann sah auf dem Pfad einen kostbaren Edelstein liegen, der herrlich in der Sonne glitzerte, die durch die Blätter schien. Mit einer hastigen Bewegung des Fußes warf er etwas Sand darüber, damit seine Frau nicht in Versuchung käme, den Stein aufzuheben und dadurch ein Sklave glitzernden Tands zu werden. Die Frau bemerkte die Geste ihres Mannes und schalt ihn, daß er im Geist noch einen Unterschied mache zwischen dem Sand und einem Diamanten. Für sie waren beide dasselbe.

Dem König war es gar nicht recht, daß er im Schlafe den heiligen Namen *Rāmas* ausgesprochen hatte. Er wollte nicht, daß andere von seiner Liebe zu *Rāma* wußten. Es gibt viele, die den Namen ihres Gottes oder Heilands nicht an die große Glocke hängen. Die Hauptsache ist, den gewählten Namen Gottes immer im Bewußtsein zu behalten, ob man sich öffentlich dazu bekennt oder nicht. Der Name Gottes muß euch so unentbehrlich werden wie das Atmen. Um das zu erreichen, ist Übung notwendig. Ein Besucher sagte einmal zu Dr. Johnson, dem berühmten englischen Denker, er habe nur selten Zeit, den Namen Gottes zu rezitieren. Er habe vom Morgen bis zum Abend und oft bis tief in die Nacht hunderterlei Dinge zu tun. Dr. Johnson antwortete darauf mit der Frage, wie es möglich sei, daß Millionen von Menschen auf der Erde Lebensraum fänden, obwohl zwei Drittel ihrer Oberfläche mit Wasser bedeckt und der Rest voller unzugänglicher Gebirge, Wüsten, Wälder, vereister Regionen, Flüsse, Marschland und sonstiger unbewohnbarer Gebiete sei. Der andere antwortete, daß der Mensch darum kämpfe, irgendwie Lebensraum zu finden. Ebenso, sagte Dr. Johnson darauf, müsse der Mensch auch irgendwie einige Minuten täglich finden, um zu Gott zu beten.

Liebe zu Gott *(bhakti)* und ihre endgültige Frucht, die Auslieferung an den Willen Gottes *(sharanāgati)*, verleihen Freiheit von allen Abhängigkeiten *(vairāgya)*. Die Geschichte von Mohajit ist ein gutes Beispiel dafür. Mohajit, der Prinz, suchte einen Weisen im Walde auf und bat ihn um Führung auf dem spirituellen Pfad. Der Weise fragte ihn, ob er seinem Namen Ehre mache und alle Bindungen *(moha)* aufgegeben habe. Der Prinz sagte, nicht nur er, sondern alle Bürger seines Landes seien frei von Bindungen und Abhängigkeiten. Der Weise begann sogleich, diese Behauptung zu überprüfen. Er nahm das Gewand des Prinzen, tauchte es in Blut, eilte damit zum Tor des Palastes und erzählte der Magd eine grausige Geschichte von der

Ermordung des Prinzen durch einige Schurken im Dschungel. Die Magd weigerte sich, sogleich mit dieser Nachricht in die königlichen Gemächer zu eilen. Sie sagte: „Er wurde geboren, und jetzt ist er gestorben; diese Nachricht ist nicht so dringlich, daß ich deshalb meine Arbeit unterbrechen und sofort zum König und zur Königin rennen müßte." Als der Weise endlich vom König empfangen wurde und ihm die Nachricht übermitteln konnte, war dieser unbewegt und murmelte nur zu sich selbst: „Der Vogel, der auf dem Baum gesessen hat, um zu rasten, ist davongeflogen." Auch die Königin war unberührt. Sie sagte dem Weisen, die Erde sei ein Rasthaus, in welches die Menschen einkehren, um zu übernachten; am nächsten Morgen wandere einer nach dem andern wieder weiter, jeder in eine andere Richtung. Die Worte „Freunde" und „Verwandte" gebrauchen wir für die Bindungen, die in der kurzen Zeit des Zusammenseins unter den Reisenden entstehen. Auch die Frau des „toten" Prinzen regte sich nicht auf. Sie sagte: „Mann und Frau gleichen zwei Holzstücken, die auf dem Fluß nebeneinander dahintreiben, bis sie nach einiger Zeit von der Strömung getrennt werden. Jedes schwimmt dann allein weiter und wird zu der ihm angemessenen Zeit das Meer erreichen. Es gibt keinen Grund, über die Trennung der beiden zu trauern, denn es ist ganz natürlich, daß es so geschieht." Der Weise war hochbeglückt über die vollkommene Freiheit von Bindungen *(vairāgya)*, die in der Haltung des Herrschers und seiner Untertanen zum Ausdruck kam. Er ging in den Wald zurück und erzählte dem Prinzen, eine feindliche Armee habe sein Königreich überfallen, die ganze königliche Familie erschlagen, das Königreich erobert und alle Untertanen versklavt. Der Prinz nahm die Nachricht ruhig auf und sagte: „Alle diese Geschehnisse gleichen einer durchsichtigen, vergänglichen Wasserblase. Mögen sie also den Weg einer Wasserblase gehen. Bitte lehre mich, wie ich das Unendliche, das Unvergängliche erreichen kann!"

Solches vollkommene Freisein von allen Bindungen *(vairāgya)* wird durch die Gnade des Herrn möglich. Viele Inkarnationen und Kämpfe sind notwendig, um es zu erlangen. Inzwischen müßt ihr mit dem ersten Schritt beginnen: mit der Läuterung des Herzens und der Pflege der Tugend. Wenn ihr diesen Schritt nicht tun wollt, lacht wenigstens nicht über jene, die ihn tun, und entmutigt sie nicht. Das ist das mindeste, was ihr tun solltet! Laßt euch nicht von anderen bedienen. Um wirklich frei zu sein, müßt ihr euch selbst um eure persönlichen Bedürfnisse kümmern. Nehmt niemals etwas „umsonst“ von anderen an. Zahlt es in Form von Dienstleistung oder Arbeit zurück; das wird euch Selbstachtung geben. Die Annahme von Begünstigungen verpflichtet euch dem Geber gegenüber. Wachst mit Selbstrespekt und Würde heran. Das ist der größte Dienst, den ihr euch selbst tun könnt.

Der „Mann im Mond“ ist ein guter Onkel für alle Kinder in der Welt. Ebenso ist der Herr der Vater aller Menschen, und jeder bekommt einen Anteil von seinem Erbe. Aber um ihn zu erhalten, müßt ihr ein bestimmtes Alter, eine bestimmte Stufe der Intelligenz und des Unterscheidungsvermögens *(viveka)* erreicht haben. Den Schwachen und Unmündigen wird er ihr Erbteil noch nicht überlassen. Das Erbteil ist die Gnade, die göttliche Liebe. Es ist euer Recht, Anspruch auf euren Anteil zu erheben, sobald ihr Unterscheidungsvermögen *(viveka)* und Freiheit von Abhängigkeiten *(vairāgya)* erworben habt.

Bringt eure Liebe *(bhakti)* zu mir, und erhaltet dafür Kraft und Stärke *(shakti)* von mir. Je mehr das geschieht, desto mehr erfreut es mich. Bringt alles, was ihr an Sorgen, Kummer, Trauer, Plagen und Ängsten habt, zu mir, und empfangt Freude und Frieden, Mut und Zuversicht. Für mich gibt es keinen Unterschied zwischen alten und neuen *Devotees*. Die Mutter verbringt mehr Zeit mit einem Kleinkind und verlangt von den älteren Kindern, daß sie sich selbst versorgen. Das Kleine füttert sie mit eigener Hand, was nicht bedeutet, daß sie die großen Kinder weniger liebt. So glaubt auch ihr nicht, daß, wenn ich einer anderen Person scheinbar mehr Aufmerksamkeit schenke, ihr nicht in meine göttliche Liebe *(prema)* eingeschlossen wäret.

Nehmt auch folgendes zur Kenntnis: Diese Inkarnation Gottes *(avatar)* wird, im Gegensatz zu den früheren, die Bösen nicht vernichten. Sie werden korrigiert, reformiert, unterrichtet und auf den Weg zurückgeführt, den sie verlassen haben. Der Baum, der von weißen Ameisen heimgesucht ist, wird nicht gefällt, sondern gerettet werden. Dieser *Avatar* wird keinen anderen Ort für seine göttlichen Spiele *(līlā)*, Wunder und Unterweisungen wählen als den, in dem seine Geburt stattfand. Der Baum wird dort bleiben, wo er gewachsen ist, er wird nicht umgepflanzt. Eine andere Besonderheit ist, daß dieser *Avatar* keine verwandtschaftlichen Beziehungen zu Mitgliedern der

Familie hat, in der er erschien. Im Gegensatz zu *Rāma* und *Krishna*, die ihre Rollen als *Avatare* meist unter ihren Familienmitgliedern und für sie spielten, ist dieser Sai-*Avatar* ausschließlich für die Gläubigen *(bhakta)*, die Gottesfürchtigen und Sucher auf dem spirituellen Pfad *(sādhaka)* gekommen. Er unterzieht sich keiner spirituellen Übungen wie Rezitation des Namens Gottes *(japa)*, Meditation *(dhyāna)* und Übungen zur Selbstkontrolle *(yoga)*. Er nimmt an keinem Gottesdienst teil und betet niemanden an, denn er ist der Höchste. Er lehrt nur, wie man Gott dient und wie man zu ihm betet.

Ein weltlicher Mensch wird jemanden, der gottrunken ist, für verrückt halten und auslachen. Aber der Gottrunkene wird den weltlichen Menschen für ungesund, töricht, irregeführt und blind halten. Von allen Verrücktheiten, auf die der Mensch sich einläßt, ist Gottrunkenheit die harmloseste und zuträglichste. Die Welt hat unter „machttrunkenen" Herrschern und Führern unbeschreiblichen Schaden gelitten, aber von der „Gottrunkenheit" des Menschen kommen einzig und allein Harmonie, Frieden, Brüderlichkeit und Liebe!

Prashanti Nilayam, Mahāshivarātri, 1955

Gott als Führer

Gott ist die große verborgene Kraft, welche das Universum beschützt und erhält. Die individuelle Seele *(jīva)* ist eine seiner Erscheinungsformen. Er ist das Ureigentliche, die individuelle Seele *(jīva)* nur sein Schatten, eine Illusion. Selbst ich muß mich in eine Form hüllen, wenn ich in eure Mitte komme, so wie ein Polizist, der sich als Dieb verkleidet, damit er sich unerkannt der Bande zugesellen kann, um sie schließlich zu verhaften. Der Herr kann nicht unverhüllt zu euch kommen. Er muß seine Herrlichkeit und seinen Glanz dämpfen, so daß ihr ihn lieben und ihm hingebungsvoll dienen könnt.

Die allem innewohnende Kraft des Herrn ist das einzige unvergänglich und unveränderlich Bestehende in dieser vergänglichen und sich immer verwandelnden Welt. Um dieses ewig Wahre *(satyam)* erkennen zu können, muß man sich unbedingt selbst mit dieser Lebensquelle verbinden. Niemand wird davon ausgeschlossen. Es ist die

Bestimmung eines jeden, ohne Rücksicht auf Alter, Bildung, Kaste, Geschlecht oder Rang.

Wenn ihr auf der Straße geht, könnt ihr beobachten, wie euer Schatten auf Schmutz oder Schlamm, Mulde oder Hügel, Dornen oder Sand, trockene oder nasse Erde fällt. Ist es nicht so? Der Schatten wird dadurch keineswegs schmutzig. Er kümmert sich nicht im geringsten darum, auf was er fällt und wie er durchkommt. Wir wissen, daß die Erfahrungen, die der Schatten macht, weder wirklich noch bleibend sind. Ebenso müßt ihr davon überzeugt werden, daß „ihr" nichts als der Schatten Gottes, des Universal-Absoluten *(paramātman)*, seid; daß ihr eigentlich nicht „ihr" seid, sondern das Absolute selbst. Das zu erkennen, ist die Medizin für alle Sorgen, Mühsal und Schmerzen.

Natürlich ist es erst nach langer Zeit ernsthaften spirituellen Bemühens *(sādhana)* möglich, diese Wahrheit zu erkennen. Bis dahin werdet ihr euch wohl mit eurem Körper identifizieren und nicht daran denken, daß der Körper, der den Schatten wirft, selbst ein Schatten ist. Der erste Schritt auf dem spirituellen Weg ist es, im persönlichen und gesellschaftlichen Verhalten die göttliche Urordnung *(dharma)* zu verwirklichen. Wenn diese Ordnung in allem, was die Welt *(prakriti)* betrifft, eingehalten wird, stellt sie sich auch von selbst auf spirituellem Gebiet ein. Voraussetzung ist: ihr müßt durch dick und dünn daran festhalten. Als Asvatthaman in seiner blinden Wut die Kinder der *Pāndavas* niedergemetzelt hatte, drohte *Arjuna*, ihn nach seiner Gefangennahme zu köpfen. *Draupadī*, die schwer getroffene trauernde Mutter, bat jedoch, ihn zu verschonen! Sie sagte, es entspräche nicht der göttlichen Ordnung, Mord mit Mord zu vergelten und den Sohn des eigenen Gurus zu erschlagen. Mit solch unerschütterlicher Festigkeit müßt ihr euch an diese Ordnung halten; das allein ist ein Zeichen wahrer Hingabe an den Willen Gottes *(sharanāgati)*. Laßt den Willen Gottes euer Leben bestimmen! Ihr müßt euch nur in den Strom seiner Gnade einschalten. Während der Gefangene im Gefängnis ist, kann er nicht einmal seine Kleidung sein eigen nennen. Ebenso: Was könnt ihr jetzt euer eigen nennen, während ihr eure Zeit hier „absitzt"? Er gibt euch Nahrung und Kleidung; er wird euch entlassen, wenn eure Zeit abgelaufen ist, oder schon vorher, wenn ihr euch durch gutes Betragen ausgezeichnet habt.

Das größte Hindernis für die vollkommene Hingabe an Gott *(sha-*

ranāgati) sind Selbstsucht und Ichbewußtsein *(ahamkāra)*. Diese haben sich während vieler Inkarnationen in eurem Charakter festgesetzt und werden durch die Erfahrungen jedes weiteren Erdenlebens immer mehr vertieft. Die einzigen Reinigungsmittel, mit denen man sie entfernen kann, sind das Unterscheidungsvermögen *(viveka)* und die Auflösung aller Bindungen *(vairāgya)*. Verehrende Liebe zu Gott *(bhakti)* ist das Wasser, mit dem der Schmutz aller Lebenszeiten abgewaschen werden kann. Als Seife helfen Rezitation der Namen Gottes *(japa)*, Meditation *(dhyāna)* und geistige Disziplin *(yoga)*, um ihn schneller und gründlicher zu entfernen. Die Langsamen und Stetigen werden mit Sicherheit das Rennen gewinnen. Gehen ist das sicherste Mittel der Fortbewegung, obwohl es als zu langsam verurteilt wird. Es ist gefährlich, schnell zu reisen; je schneller, desto größer die Gefahr eines Unglücks. Ihr dürft nur soviel essen, wie ihr braucht, um euren Hunger zu stillen; mehr würde euch Magenschmerzen bereiten. Geht also Schritt für Schritt vorwärts auf dem spirituellen Weg und seid sicher, daß ihr fest steht, bevor ihr den nächsten tut. Fallt nicht zwei Schritte zurück, nachdem ihr einen Schritt vorwärts getan habt. Wenn ihr keinen Glauben habt, könnt ihr allerdings nicht einmal beim ersten Schritt sicher stehen. Entwickelt also einen starken Glauben. *Satyabhāmā* fragte *Krishna* einmal: „Warum denkst du nicht so wie die anderen Menschen? *Yudhishthira*, der älteste der *Pāndava* Brüder, ist der beste unter ihnen, du aber kümmerst dich immer nur um *Arjuna*, dessen Ruhm gar nicht so überwältigend ist." Ihr Glaube war nicht unerschütterlich! Was wissen denn die Menschen von den Motiven, welche die Handlungen des Herrn bestimmen? Viele hatten etwas daran auszusetzen, daß *Nārada* ohne Unterbrechung den Namen des Herrn rezitierte. Aber bis zum Einswerden mit dem Göttlich-Absoluten ist die Disziplin der Wiederholung des Namens des Herrn unerläßlich. Erst wenn es zur Verschmelzung kommt, wird die Idee des Getrenntseins verschwinden. Werdet nicht wankelmütig in eurer Überzeugung. Sucht Einsicht und innere Befriedigung zu erlangen. Danach laßt euch niemals irreführen! Wenn die Sonne über eurem Kopf steht, gibt es keinen Schatten. Ebenso wird euch niemals ein Schatten des Zweifels befallen, wenn ihr einen festen Glauben habt.

Wenn der Mensch seinen Weg verloren und sich in der Wildnis verirrt hat, wenn er glaubt, daß er der Körper ist und sich mit dessen

Eigenschaften *(guna)* identifiziert, dann kommt der *Avatar*, um zu warnen und zu führen. Haltet fest am Glauben an den Herrn, dann könnt ihr euch sicher in der Welt bewegen. Es wird euch kein Leid geschehen! Seid wie die Frauen im Dorf, die einen Topf über dem anderen auf dem Kopf tragen, ohne das Gleichgewicht zu verlieren, während sie die gewundene Gasse entlanglaufen und sich außerdem noch unterhalten. Sie vergessen dabei weder die Bürde noch das Ziel. Sie sind wachsam und sich der Beschwerlichkeit des Weges mit seinen Steinen und Löchern bewußt. Es ist die innere Konzentration, die sich bezahlt macht.

Jeder wird eines Tages die Welt verlassen müssen. Dieser Augenblick sollte nicht von Angst erfüllt sein. Man sollte sich anmutig mit einem Lächeln und einer Verbeugung verabschieden. Um das tun zu können, müssen viele Vorbereitungen getroffen werden. Es ist nicht leicht, alles, was man in einer Lebenszeit angesammelt hat, verlassen zu müssen. Deshalb beginnt jetzt damit, euch von einer Bindung nach der anderen zu lösen. Im Traum habt ihr alle möglichen Erlebnisse und erreicht vieles, wie z.B. Macht, Reichtum, Stellung und Ansehen. Aber wenn ihr aufwacht, jammert ihr nicht über den Verlust, obwohl euch während der Dauer des Traums alles wirklich zu sein schien und euch Freude und Befriedigung gab. Ihr sagt euch, daß es ein Traum war. Was hindert euch daran, die Besitztümer, die ihr während des Wachzustandes eures Lebens erlangt habt, mit der gleichen Unbekümmertheit zu behandeln? Entwickelt eine solche Haltung, dann werdet ihr mit einem Lächeln abtreten können, wenn der Vorhang dieser Traumland-Bühne fällt.

Damit ihr euch eine solche Einstellung zu eigen machen könnt, ist es das beste, daß ihr euch nach einem spirituellen Lehrer *(guru)* umseht, der die Wahrheit durch eigene Erfahrung kennt und dessen Gedanken, Worte und Taten diese Haltung im täglichen Leben widerspiegeln. Ein *Guru* wird so genannt, weil die Buchstaben GU einen „Gunātīta" bezeichnen; das ist einer, der die drei *„gunas"*, die Grundeigenschaften des Menschen, überwunden hat: den Stumpfsinn *(tamas)*, die Leidenschaft *(rajas)* und sogar die Reinheit *(sattva)*. Die Buchstaben RU bezeichnen einen „Rūpāvarjita"; das ist einer, der Gott als das Formlos-Absolute erkannt hat. Er konnte zu dieser Stufe natürlich nur gelangen, indem er die niederen Eigenschaften in höhere verwandelte und indem er die Rolle vernachlässigte, die er mit Namen und Form auf der Bühne dieser Welt spielt. Während der ersten Stufen des spirituellen Bemühens *(sādhana)* spielen Name, Form und Eigenschaft bei der Formung des Geistes noch eine Rolle. Der *Guru* vernichtet die Illusion und bringt Klarheit; seine Gegenwart ist wohltuend und tröstend. Darum ist der heutige Tag, ein Vollmond-Tag, dazu bestimmt, den *Guru* zu ehren *(gurupūrnimā)*. Der Mond ist die beherrschende Gottheit des Geistes und der Vollmond-Tag *(pūrnimā)* ist der Tag, an dem der Geist am ungetrübtesten ist. Wenn ihr etwas sucht, müßt ihr natürlich wissen, was ihr verloren habt. Der *Guru* wird euch oft sagen müssen, daß ihr euren wirklichen Namen vergessen und den wertvollsten Teil eures Selbst verloren habt, ohne euch dessen bewußt zu sein. Der *Guru* ist der Arzt für die Krankheit, welche den Kreislauf von Geburt und Tod verursacht. Er ist ein Meister in der Behandlung, die für eine Heilung notwendig ist. Wenn ihr keinen echten *Guru* finden könnt, dann bittet Gott, den Herrn selbst, euch den Weg zu zeigen - und er wird euch ganz sicher zu Hilfe kommen.

Prashanti Nilayam, Gurupūrnimā, 1.8.1956

Göttliches Leben

Dieser Kongreß der „Divine Life" Vereinigung muß alle Menschen als Mitarbeiter einschließen, denn niemand kann außerhalb seiner Grenzen leben. Alle mühen sich auf derselben Straße vorwärts, die zur Erkenntnis des jedem Wesen innewohnenden Göttlichen führt. Die Aufgabe, für die alle Menschen in die Welt gekommen sind, ist, ihre Individualität mit dem Universalen zu verschmelzen. Das Leben eines jeden Wesens ist vom Göttlichen durchdrungen. Sein *(sat)* entspringt der Quelle allen Seins, dem Göttlich-Absoluten *(brahman)*. Bewußtsein *(cit)* entspringt der Quelle allen Bewußtseins, dem Göttlich-Absoluten *(brahman)*. Glückseligkeit *(ānanda)* entspringt der Quelle aller Glückseligkeit, dem Göttlich-Absoluten *(brahman)*. Ihr alle seid Verkörperungen von Sein-Bewußtsein-Glückseligkeit *(sat-cit-ānanda)*, seid euch aber dessen nicht bewußt. Ihr stellt euch vor, daß ihr dieses oder jenes Einzelwesen seid, das diesen oder jenen Begrenzungen unterworfen ist! Das ist eine falsche Vorstellung, die zerstört werden muß, damit das göttliche Leben (Divine Life) beginnen kann. Es ist das Göttliche, das inspiriert, aktiviert, das Leben jeden Wesens führt und erfüllt, wie einfach oder komplex die physische Struktur auch sein mag. Vom Mikrokosmos zum Makrokosmos bewegt sich jede einzelne Wesenheit dem Meere der Glückseligkeit zu, in das sie schließlich einmündet.

Göttliches Leben ist der Atem aller Wesen. Es besteht aus Wahrheit *(satya)*, Liebe *(prema)* und Gewaltlosigkeit *(ahimsā)*. Wie kann man einen anderen betrügen, wenn es gar keinen „anderen" gibt? Betrug entsteht aus Furcht. Wenn es nur eins gibt und kein zweites, dann kann es auch keine Furcht geben. Niemand wird mehr geliebt als das Selbst. Wenn also alle das gleiche Selbst sind, dann werden alle wie das eigene Selbst geliebt. Was Gewaltlosigkeit *(ahimsā)* betrifft - wer kann jemanden verletzen, wenn alles eins ist?

Wie kann man das göttliche Leben führen? Man muß nicht Mitglied einer Vereinigung werden, um daran teilzunehmen. Jedes Bemühen, die Einheit hinter aller Vielfalt zu erkennen, ist ein Schritt auf dem Pfad des göttlichen Lebens. Ihr müßt die Milch quirlen, wenn ihr die Butter, die Teil der Milch ist, sichtbar machen wollt. Ebenso müßt ihr einem bestimmten Gedankenprozeß folgen, wenn ihr die Erkenntnis gewinnen wollt, daß die Welt tatsächlich eine merkwürdige Mischung aus Wirklichkeit *(satya)* und Illusion *(asatya)*, ja, daß sie nur relativ wirklich *(mithyā)* ist. Das göttliche Leben läßt nicht den geringsten Charakterfehler und keine gedankliche Täuschung zu. Wer sich dazu entschieden hat, muß dies durch sein Vorbild beweisen. Löscht die Ursache von Angst und Unwissenheit aus. Nur dann kann das Licht der wahren Persönlichkeit leuchten. Angst wird durch den Glauben an Gott beseitigt, durch den Glauben, daß der Wille des Herrn geschehen und alles, was euch widerfährt, eurem Besten dienen wird. Stilles Annehmen des Willen Gottes ist die beste Waffe gegen Angst; nicht die Resignation der Schwachen, sondern die mutige Annahme der Herausforderung der Starken. Kummer entspringt dem Egoismus. Es ist das Gefühl, daß ihr es nicht verdient habt, so schlecht behandelt zu werden und so hilflos zu sein. Wenn der Egoismus verschwindet, gibt es keinen Kummer mehr. Unwissenheit ist einfach ein Irrtum - nämlich die irrtümliche Verwechslung des Körpers mit dem Selbst als Identität des „ich“!

Jeder von euch muß sein Ego vollkommen aufgeben, dann wird der Herr euch als seine Flöte annehmen. Ich habe einmal eine Gruppe von Leuten gefragt, was sie in den Händen Gottes sein möchten. Darauf erhielt ich verschiedene Antworten. Sie sagten: eine Lotosblume, die große Seemuschel oder der Diskus, aber niemand erwähnte die Flöte. (Anm.d.Übers: Lotos, Seemuschel und Diskus sind einige der Symbole, mit denen *Shiva* und *Vishnu* dargestellt werden. *Krishna* spielt auf der Flöte). Ich rate euch, eine Flöte zu werden, denn dann wird der Herr euch aufnehmen, an seine Lippen legen und, da ihr das Ego völlig ausgelöscht habt, seinen Atem durch euer leeres Herz blasen. Er wird eine zauberhafte Musik erzeugen, welche die ganze Schöpfung erfreuen wird. Seid nicht unehrlich, sondern immer aufrichtig. Macht euer Herz leer, habt keinen eigenen Willen. Laßt euren Willen mit dem Willen Gottes verschmelzen. Atmet nur den Atem Gottes ein. Das ist göttliches Leben! Es ist mein Wunsch, daß ihr das alle erreichen werdet.

Venkatagiri, April 1957

Vom Namen zum Bild

Der *Devotee*, der zuvor hier sprach, hat 25 Jahre lang Gott geleugnet, und erst 5 Jahre, nachdem er mir begegnete, hat er sich geändert. Es gibt natürlich viele Menschen, die keine Erfahrung gemacht haben, die sie ändern konnte, und man kann sie deshalb nicht für ihren Mangel an Glauben tadeln. So war es auch diesem Seshagiri Rao gar nicht recht, daß sein Sohn und seine Tochter nach *Puttaparthi* kamen, und er selbst weigerte sich lange Zeit, zu mir zu kommen. Eines Tages war ich in Bangalore in einem Haus gegenüber dem seinen und nahm dort an einer Feier teil. Während *„bhajans“* gesungen wurden, ging dieser Mann zögernd über die Straße und lugte verstohlen in die Halle. Ich rief ihn herein und nötigte ihn, sich neben mich zu setzen. Ich lud ihn ein, nach *Puttaparthi* zu kommen, um alles zu prüfen und Erfahrungen zu sammeln. Das sind nun 18 Jahre her, und er ist seitdem immer bei mir. Es ist der Grund meines Kommens, die Samen des Glaubens an die religiöse Überlieferung und an Gott zu säen. Ihr mögt gehört haben, daß manche Leute behaupten, ich sei Sai Baba geworden, als ein Skorpion mich gestochen hatte! Nun, ich fordere jeden von euch auf: laßt euch von Skorpionen stechen und verwandelt euch in Sai Babas! Nein, der Skorpion hatte nichts damit zu tun. In Wirklichkeit war da überhaupt kein Skorpion. Ich bin auf das Beten der Weisen, Heiligen und Gottesfürchtigen hin gekommen, um die göttliche Ordnung *(dharma)* wiederherzustellen.

Bei Anzeichen von Unruhe ist ein Polizist zur Stelle; wenn die Menge ungebärdig wird, eilt der Inspektor herbei; und wenn Gewalttätigkeit ausbricht, muß sich der Polizeikommissar selbst zur Verfügung stellen, ist es nicht so? Jetzt ist eine Situation eingetreten, in welcher der Polizeipräsident alle Verantwortung übernommen hat. Die Botschafter Gottes, Meister, Weisen, Heiligen und spirituellen Lehrer haben getan, was in ihrer Macht stand, und sie werden jetzt alle an der Aufgabe mitarbeiten, Rechtschaffenheit wiederherzustellen und den Weg für einen weltweiten Frieden zu bereiten.

Die Ursache des Unfriedens *(ashānti)* in der heutigen Zeit ist der Mangel an Selbsterforschung. Wenn euch wirklich daran gelegen ist, die Wahrheit über euch selbst zu erfahren, werdet ihr nicht fehlgehen, selbst wenn ihr nicht an Gott glaubt. Töpfe bestehen aus Tonerde; Schmuckstücke werden aus Gold und alle Stoffe aus Garn hergestellt. Die Grundlage augenscheinlicher Vielfalt ist unteilbare Einheit. Das ist der unpersönliche göttliche Urgrund *(brahman)*, der auch euer ureigenstes Wesen ist.

Über die Selbsterforschung unterrichten euch am besten die *Upanishaden.* Ebenso wie der Fluß eines Stromes durch die Ufer reguliert wird, damit die Wasserflut dem Meere zuströmen kann, so regulieren die *Upanishaden* die Sinne und den Geist und dämmen sie ein. Sie helfen einem jeden, das Meer zu erreichen und mit dem Absoluten zu verschmelzen. Studiert die *Upanishaden* mit der Absicht, ihre Lehren anzunehmen und euch entsprechend zu verhalten.

Eine Landkarte zu betrachten oder einen Reiseführer zu studieren wird euch nicht das gleiche Erlebnis vermitteln, und es kann euch bei weitem nicht die Freude und das Verständnis schenken wie eine Reise durch das betreffende Land. Die *Upanishaden* und die *Gītā* sind nur Reiseführer, denkt daran! Es gibt eine Geschichte, die einen Bauern betrifft, der inmitten einer Versammlung von Gläubigen saß und den Ausführungen eines großen *Pandits* über die *Gītā* zuhörte. Alle waren von Staunen ergriffen über die wissenschaftlichen Erklärungen des *Pandits* und die gelehrten Abhandlungen über jedes Wort und jeden Satz. Obwohl die Ausführungen für den Bauern viel zu schwer verständlich waren, schien dieser sehr aufmerksam zuzuhören, denn er war die ganze Zeit in Tränen aufgelöst! Als der *Pandit* ihn schließlich fragte, warum er weine, überraschte er alle mit der Ernsthaftigkeit seiner Liebe zu Gott. Er sagte, er weine über die mißliche Lage des Herrn, der ganz vorne im Streitwagen gesessen habe und seinen Kopf immer halb nach hinten umdrehen mußte, um *Arjuna*, der so schwer von Begriff war, zu überzeugen. „Wie sehr muß ihm der Nacken geschmerzt haben!", sagte er unter Tränen. Das ist wirklich tief empfundene Liebe und ganz sicher der Weg zu spirituellem Sieg. Der Bauer hatte sich vollkommen mit den Personen in der Episode identifiziert, und die ganze Szene wurde für ihn lebendig.

Ihr braucht die *Gītā* oder die *Upanishaden* nicht einmal zu lesen. Ihr werdet eine *Gītā* hören, die speziell für euch bestimmt ist, wenn ihr den Herrn in eurem Herzen anruft. Fragt ihn, und er wird antworten. Seht die Form des Herrn vor euch, wenn ihr still auf eurem Meditationsplatz sitzt, und wiederholt den Namen des Herrn, den ihr erwählt habt *(japa)*. Wenn ihr den Namen des Herrn aussprecht, ohne eine Form vor euch zu sehen, wer wird euch antworten? Ihr könnt doch nicht die ganze Zeit mit euch selbst reden! Die Form wird euch hören und antworten.

Jede Unruhe muß eines Tages aufhören, nicht wahr? Die Meditation *(dhyāna)* über die Form und Wiederholung des Namens *(japa)* - das sind die einzig notwendigen Übungen für diese Aufgabe.

Das Geheimnis ist: ihr sollt „sein", das heißt, ihr müßt euch tief in eurem Innern bewußt sein, daß ihr seid. Das ist nicht dasselbe wie das „sein" während des Schlafes. Schlaf ist eingehüllt in Täuschung *(māyā)*. Erwacht von falschen Vorstellungen, und laßt euch selbst bewußt in das Unbewußte fallen; das ist reines Bewußtsein *(samādhi)*. Mit Hilfe der Rezitation der Namen Gottes *(japa)* und der Meditation *(dhyāna)* könnt ihr selbst die göttliche Gnade zwingen, in der Form und mit dem Namen eurer Wahl vor euch zu erscheinen. Der Herr muß die Form annehmen, die ihr erwählt habt, den Namen, der euch lieb ist; ja, ihr selbst seid es, die ihn formt! Deshalb dürft ihr diese beiden auch nicht verändern. Bleibt bei der einmal gewählten Form, die euch am liebsten ist, koste es, was es wolle.

Seid nicht entmutigt, wenn ihr euch am Anfang nur für kurze Zeit konzentrieren könnt. Wenn ihr lernt, Fahrrad zu fahren, könnt ihr auch nicht sofort das Gleichgewicht halten. Ihr schiebt das Rad ein Stück, dann springt ihr auf, rutscht wieder herunter; ihr lehnt euch zu sehr nach einer Seite, dann nach der anderen und fallt sogar mit dem Rad um. Erst nach vielen Versuchen gelingt es euch zu fahren, ohne daß ihr euch um das Gleichgewicht zu kümmern braucht. Ganz von selbst macht ihr die richtigen Bewegungen, um das Gleichgewicht zu halten, ist es nicht so? Ihr könnt dann ohne Mühe durch enge und verkehrsreiche Straßen fahren. Ebenso wird euch Übung zu einer Konzentration verhelfen, die auch im größten Trubel und in schwierigen Lagen nicht nachlassen wird.

Glaubt nicht, daß ich ärgerlich bin, wenn ihr nicht meinen Namen und meine Form wählt! Das berührt mich in keiner Weise. Ihr seid völlig frei, den Namen und die Form zu wählen, welche euch die notwendige Ermutigung gibt. Es geschieht oft, daß in der Meditation die Gedanken in alle möglichen Richtungen davonlaufen. Ihr müßt diese dann mit Hilfe der Form zur Ruhe bringen und zusehen, daß der gleichmäßige Fluß eurer Gedanken, die sich auf den Herrn ausrichten, nicht unterbrochen wird. Sollte es jedoch wieder geschehen, nehmt schnell Name und Form zu Hilfe. Erlaubt euren Gedanken auf keinen Fall, die Zwillingsgrenzen von Namen und Form zu übertreten! Dann können sie auch nicht zu einem dritten Ort davonlaufen.

Wenn ihr euch zur Meditation niedersetzt, sagt zuerst einige Verse auf, die den Ruhm Gottes zum Inhalt haben, so daß sich eure zerstreuten Gedanken sammeln können. Wenn ihr dann den Namen des Herrn rezitiert, holt euch allmählich die Form, die mit diesem Namen verbunden ist, vor euer geistiges Auge. Wenn eure Gedanken bei der Wiederholung des Namens abwandern, führt sie weiter zu dem Bild der Form. Wenn sie von dem Bild der Form abweichen, führt sie zurück zu dem Namen. Erfreut den Geist entweder mit dieser oder jener beglückenden Erfahrung. Wenn er so behandelt wird, läßt er sich leicht zähmen. Das Bild, welches ihr vor euer inneres Auge gestellt habt, wird euer Herz bald mit Liebe erfüllen und sich in eurem Gedächtnis festsetzen. Allmählich wird der Herr diese Form annehmen, um eure Wünsche zu erfüllen. Diese geistige Übung *(sādhana)* nennt man *„japa* sahita *dhyāna"*. Ich rate euch allen, diese Übung durchzuführen, denn sie ist für Anfänger die beste. In wenigen Tagen werdet ihr daran gewöhnt sein und euch an der Konzentration erfreuen. Übt euch - zu Anfang etwa zehn bis fünfzehn Minuten und später etwas länger - in dieser Meditation und ruft dann die Freude, die ihr dabei erfahren habt, in euer Gedächtnis zurück. Das wird eurem Glauben und eurem Eifer zugute kommen. Steht danach nicht plötzlich auf, um eure Tätigkeit wieder aufzunehmen. Lockert eure Gliedmaßen langsam und allmählich, und beginnt erst dann mit eurer üblichen Arbeit. Kostet die Früchte dieser Meditationsübung, und lernt, sie zu genießen.

Seid auch auf eure körperliche Gesundheit bedacht. Befriedigt die natürlichen Bedürfnisse; der Tank des Autos muß mit Benzin gefüllt werden. Wenn ihr den Körper vernachlässigt, wird euch leicht schwindelig, und vor lauter Erschöpfung mag euch alles vor den Augen verschwimmen. Wie kann eine so geschwächte Hülle göttliche Gedanken beherbergen? Ihr dürft allerdings nicht den Zweck dieses Körpers vergessen, wenn ihr euch mit ihm befaßt. Eine Straßenwalze wird mit Öl, Kohle oder anderen Brennstoffen gefüllt. Aber warum wird die Walze in gutem Zustand gehalten? Um die Straße zu reparieren, ist es nicht so? Denkt daran, daß auch euer Körper nichts weiter als ein zweckgebundenes Werkzeug ist. Ihr habt einen Körper bekommen, damit ihr euer wirkliches Selbst erkennen und diesen Kreislauf von Geburt und Tod beenden könnt.

Der Vogel fliegt hierhin und dorthin, höher und höher, und muß sich schließlich auf einem Baum niederlassen, um auszuruhen. Ebenso sucht auch der reichste und mächtigste Mensch Ruhe und inneren Frieden *(shānti)*. Diesen kann man nur an einem einzigen Ort finden: in der inneren Wirklichkeit. Die Sinne ziehen euch mit sich in den Sumpf, in dem ihr tiefer und tiefer versinkt. Das bedeutet ständigen Wechsel von Freud und Leid und damit ewige Unzufriedenheit. Das einzige, was euch von Furcht, Konkurrenzkampf, Eifersucht, Habsucht und Verlangen befreien kann, ist die Kontemplation über die Einheit allen Seins. Jeder andere Weg führt nur zu scheinbarer Zufriedenheit. Es wird der Tag kommen, an dem ihr alles, was euch als Spielzeug dient, mit dem Aufschrei fortwerft: „Herr, gib mir inneren Frieden!" So hat der Räuber *Vālmīki* gebetet. Auch der überzeugte Atheist wird eines Tages um Ruhe und Frieden bitten.

Die Leute hängen an ihren Messingtöpfen, denen sie den Wert von Gold beimessen. Aber sie müssen sie ständig polieren, damit sie ihren Glanz behalten. Eines Tages aber werden sie das ewige Putzen und Polieren satt haben und beten: „Erlöse mich von dieser Mühe, diesem Leben mit seinen Leiden und Qualen!" Das Leben ist kurz; die Zeit eilt dahin, und euer spiritueller Fortschritt ist langsam wie das Kriechen einer Schildkröte. Wann werdet ihr euch entscheiden, euch etwas schneller vorwärts zu bewegen? Mit euren Übungen wird es euch ergehen wie mit dem Ergebnis einer Prüfung. Wenn ihr nur 5 oder 6 Antworten richtig habt, wird der Prüfer diese nicht einmal bewerten, weil er sich sagt: „Die wenigen richtigen Antworten genügen nicht zum Bestehen der Prüfung." Wenn ihr das Ziel jedoch beinahe erreicht habt, wird der Prüfer Gnade walten lassen. Er wird eure Arbeit etwas besser bewerten und euch bestehen lassen, weil er euren Fleiß und euer gutes Betragen anerkennt.

Beschäftigt euren Geist mit guten Gedanken, tut Gutes und pflegt gute Gesellschaft. Richtet eure Aufmerksamkeit auf das Ziel aus. Ihr habt das Geheimnis meines Kommens noch nicht erkannt. *Yashodā* entdeckte erst, daß *Krishna* der Herr war, als sie bemerkte, daß jede Schnur, mit der sie ihn anbinden wollte, in der Länge ein wenig zu kurz war und nicht um seinen Bauch herumreichte. Ebenso werdet ihr erkennen müssen, daß jede Beschreibung meiner Herrlichkeit nicht ganz an die Wirklichkeit heranreicht. Erst dann werdet ihr überzeugt sein. Wenn ihr die *Shāstras* studiert habt und die charakteristischen Merkmale des *Avatars* kennt, mögt ihr eine Ahnung meiner Wahrheit bekommen. Es hat keinen Zweck, daß ihr darüber diskutiert und euch streitet. Prüft und erlebt, dann werdet ihr die Wahrheit erfahren. Sagt nichts, bevor ihr überzeugt seid, bleibt still, solange ihr euch nicht entschieden habt und noch dabei seid, eure Erfahrungen auszuwerten. Natürlich müßt ihr alle Schlechtigkeit in euch ausmerzen, bevor ihr den Versuch machen könnt, das Mysterium zu erforschen. Wenn der Glaube in euch zu sprießen beginnt, zäunt ihn mit Disziplin und Selbstbeherrschung ein, so daß der zarte Sprößling gegen Ziegen und Rindvieh, d.h. gegen die Meute der Zyniker und Ungläubigen, geschützt ist. Wenn euer Glaube zu einem großen Baum herangewachsen ist, werden sich dieselben Ziegen und Rinder in seinem Schatten niederlegen.

Im Chitravati Flußbett, Puttaparthi, 23.2.1958

Die große Herausforderung

Wir hörten die Ansprachen, mit denen die Jungen der 6. Klasse ihre Lehrer ehrten, und die Ratschläge, die sie den jüngeren Schülern gaben. Ihre Worte waren voller Verehrung und Dankbarkeit für die Lehrer und ermutigend für die jüngeren Schüler, die noch weiterhin unter der Obhut dieser Lehrer verbleiben. Sie brachten auch ihre Trauer darüber zum Ausdruck, daß sie nun eine so gute Schule, so gute Lehrer und Mitschüler verlassen mußten. Wenn auch ihre Worte lobenswert waren, so bezweifle ich jedoch, daß die Trauer wirklich so groß ist. Schließlich wußten sie ja seit Jahren, daß der Tag kommen würde, an dem sie diese Schule verlassen werden, um an der Universität weiterzustudieren. Dennoch ist es gut und richtig, daß die Schüler ihre Dankbarkeit für erfahrene Wohltaten zum Ausdruck bringen. Sie haben auch versprochen, ihrem Land nach besten Kräften zu dienen. Sie sind die zukünftigen Stützen unserer Gesellschaft. Ich bin besonders glücklich, mit Schülern zusammen zu sein, denn sie gleichen den Knospen in einem Blumengarten. Sie sind die Helden, welche die schwierige Aufgabe des nationalen und internationalen Wiederaufbaus auf sich nehmen müssen.

Die augenblickliche Situation in der Welt gleicht einem Taifun, der Angst und Verwirrung verursacht. Niemand findet innere Ruhe; Furcht und Sorge beschleichen jeden; Panik regiert, selbst während die Eroberung des Weltraums und die Entdeckung neuer Planeten bejubelt wird. Auch dieses Land befindet sich in einer Krise, und es sollte keine Zeit verloren werden, die Dinge in Ordnung zu bringen, so daß die Menschen inneren Frieden *(shānti)* finden können. Das ist wichtiger als alles andere, denn ohne ihn ist das Leben ein Alptraum.

Während eures Studiums solltet ihr auch das Geheimnis des inneren Friedens *(shānti)* erforschen. Laßt euch die Gelegenheit dazu nicht entgehen, denn das ist die Weisheit, die euch retten wird. Das gegenwärtige Ausbildungssystem hat das Ziel, euch zu Brotverdienern und Bürgern zu machen. Es vermittelt euch jedoch nicht das Geheimnis eines glücklichen Lebens, nämlich die Unterscheidung zwischen dem Unwirklichen und dem Wirklichen. Das sollte jedoch der wichtigste Teil eurer Ausbildung sein! Dieser Mangel ist natürlich nicht eure Schuld, sondern die der Erziehungsbehörden, die ihn jedoch früher oder später einsehen müssen. Die Vervollkommnung des Unterscheidungsvermögens *(viveka)* muß das Hauptziel der Ausbildung sein. Wichtiger als der Erwerb sogenannter Gentleman-Manieren oder die Ansammlung allgemeiner Informationen und beruflicher Kenntnisse ist die Förderung tugendhaften Verhaltens und die Festigung einer Lebensanschauung, welche der göttlichen Urordnung *(dharma)* entspricht.

Zuerst müßt ihr euch bewußt werden, daß euer Selbst die unsterbliche Seele *(ātman)* ist. Sie ist unzerstörbar, heilig, rein und göttlich. Das Wissen darum wird euch unerschütterlichen Mut und große Kraft verleihen. Liebe und gegenseitiger Respekt müssen wachsen. Toleriert alle Arten von Menschen und Meinungen, alle Anschauungen und Eigenheiten. Schule, Heim und Gesellschaft sind die Übungsplätze für Toleranz. In der Schule müssen Lehrer und Schüler sich ihrer Rechte und Pflichten bewußt sein. Die Beziehung muß auf Liebe gegründet sein, nicht auf Furcht. Nur eine Atmosphäre der Liebe kann Zusammenarbeit und Eintracht gewährleisten. Vor allen Dingen aber seid gut, ehrlich und benehmt euch anständig. Das wird einem Diplom der Universität mehr Gewicht verleihen und es wertvoller machen.

Ihr dürft das Bestehen von Prüfungen nicht überbewerten, weil ihr sonst sehr niedergeschlagen werden könntet, falls ihr durchfallen solltet. Leider verüben zu viele junge Leute Selbstmord, wenn die Prüfungsergebnisse verkündet werden. Liebe Kinder, so etwas Törichtes dürft ihr auf keinen Fall tun! Laßt ein Versagen als Ansporn zu erneuten Anstrengungen dienen. Sucht nach dem Grund für euer Versagen, und laßt die Erfahrung zu einem Gewinn werden. Wenn ihr euch durch törichte Handlungen Schaden zufügt, schmerzt mich das sehr, denkt daran!

Lernt während eurer Studienzeit, wie ihr in den Wirren des Lebens vorwärts kommen könnt, ohne anderen und euch selbst Leid zuzufügen. Verschwendet eure Zeit nicht mit der Teilnahme an Wahlpropaganda und Streitigkeiten über die Uneinigkeit und Schrullen der Älteren. Sie geben euch ein sehr schlechtes Beispiel, und ihr müßt vermeiden, ihr minderwertiges Betragen nachzuahmen. Politische Überzeugungen sind wie Zecken, die in die Haut der Menschen eindringen und sie krank machen. Ihr dürft euch von ihnen nicht anstekken lassen. Bleibt sauber und zufrieden. Ihr seid zu jung, um die verwirrenden Zusammenhänge und Verwicklungen der Politik zu verstehen, und werdet deshalb von vielen Leuten für ihre eigenen Zwecke ausgenutzt. Seid mutig und weigert euch, für sie zu arbeiten. Sagt ihnen, daß ihr Besseres zu tun habt.

Kennt eure Grenzen, was eure Begabung und eure Erfahrung betrifft. Prüft alles und glaubt nur das, was ihr als richtig empfindet. Sagt nicht einfach: Sai Baba hat gut gesprochen, oder Sai Baba schreibt gut. Respektiert Sai Baba nur, wenn das, was er tut, auch so gut ist wie das, was er sagt und schreibt. Anbetung und Arbeit sollten zusammengehen. Herr Gopala Reddi ist gekommen, um das Krankenhaus in *Puttaparthi* einzuweihen, und er sagte: „Wenn die Regierung das Krankenhaus geplant hätte, wäre noch nicht einmal das Fundament fertig". Ebenso hat diese Schule durch die Liebe und Sorgfalt der Gründer und Mitarbeiter großes Ansehen gewonnen. Bei dem Unterhalt solcher Institutionen sollten alle zusammenarbeiten. Unterschiedliche Meinungen sind wie die zwei Augen, die einzeln verschiedene Bilder eines Gegenstandes sehen, zusammen jedoch den Eindruck des Ganzen vermitteln. Die Stifter haben diese Schule zur Ehre Gottes in Demut erbaut. Seid dankbar für ihre Opfer, und nützt die Chance, die euch geboten wird.

Der Amtsrichter sagte in seiner Eröffnungsrede, daß Indien mit vielen Heiligen und Weisen und mit göttlichen Inkarnationen gesegnet ist. Man wird fragen, warum solche Erscheinungen ausgerechnet mehr in Indien als in anderen Ländern in so großer Zahl vorkommen. Die Welt ist doch so groß, und die ganze Menschheit muß gerettet und geführt werden! Dafür gibt es einen Grund, das könnt ihr mir glauben! Warum ist Kolar der einzige Ort in Indien, an dem Gold zu finden ist? In einem Goldbergwerk braucht man Ingenieure und Chemiker, die das Gold fördern, ausschmelzen und reinigen und es überall dorthin senden, wo es gebraucht wird, ist es nicht so? Ebenso gibt es hier in

Indien ein Bergwerk spiritueller Weisheit, dessen wertvoller Schatz die *Upanishaden*, die *Gītā* und die *Veden* sind. Der Wert und die Güte dieses Schatzes muß sicher gestellt werden, wenn er rein und in seiner ursprünglichen Form den Suchenden in aller Welt zugute kommen soll. Deshalb haben wir hier eine ständige Folge von Weisen und Heiligen, die diese Aufgabe erfüllen. Ihr Leben und ihre Lehren haben die Saat spiritueller Tugenden in den geistigen Boden dieses Landes gesät, und diese bedürfen nun einer gewissen Pflege, um eine reiche Ernte zu bringen.

Die Menschen leiden, weil sie alle möglichen unvernünftigen Wünsche haben. Sie mühen sich ab, diese zu erfüllen, und schaffen es nicht. Sie messen der materiellen Welt zu viel Wert bei. Es sind die Abhängigkeiten und Bindungen, die Kummer und Sorgen bereiten. Wenn ihr die Natur und die ganze Schöpfung mit dem Wissen betrachtet, das einer inneren Vision entspringt, dann werden sich alle Bindungen lösen. Wenn ihr euch weiterhin anstrengt, werdet ihr alles im Lichte göttlicher Herrlichkeit viel klarer sehen. Schließt eure Augen und öffnet das innere Auge - was für ein großartiges Bild der Einheit allen Seins bietet sich euch! Die Bindung an die natürliche Welt hat ihre Grenzen, aber die Bindung an den Herrn, die sich entwickelt, wenn sich das innere Auge öffnet, ist grenzenlos. Erfreut euch dieser wahren Wirklichkeit und hängt nicht an den vergänglichen, unwirklichen Eindrücken. Der Herr ist die innewohnende Macht aller Dinge. Wie können jene, die in einen Spiegel schauen und sich weigern zu glauben, daß sie ihr Ebenbild darin sehen, daran glauben, daß der Herr sich in allen Dingen spiegelt? Der Mond spiegelt sich in einem Topf, vorausgesetzt, daß Wasser darin ist. Ebenso könnt ihr den Herrn nur dann klar in eurem Herzen sehen, wenn das Wasser göttlicher Liebe *(prema)* darin ist. Wenn der Herr sich nicht in eurem Herzen widerspiegelt, könnt ihr nicht behaupten, daß es den Herrn nicht gibt. Es bedeutet nur, daß euch die Liebe fehlt.

Schüler und sogar die Erwachsenen in diesem Land haben aufgegeben, Sanskrit zu studieren, weil sie es zu schwierig finden. Sie haben die alten Texte vernachlässigt und sie irgendwo verstaut. Nur an Festtagen werden sie hervorgeholt. Die westlichen Gottsucher jedoch haben ihren Wert erkannt und sie in ihre Länder geholt. Sie haben die Texte in ihre eigenen Sprachen übersetzt und ihren Inhalt mit großer

Hingabe studiert. Lesen ist nicht genug. Selbst wenn ihr alle Kommentare gemeistert habt und die Texte mit den Gelehrten diskutieren könnt, ist das Zeitverschwendung, wenn das, was sie lehren, nicht in die Praxis umgesetzt wird. Das Lesen von Büchern allein kann ich nicht billigen; es ist die Praxis, der ich Wert beimesse. Wenn ihr die Examenshalle verlaßt, wißt ihr schon, ob ihr bestanden habt, nicht wahr? Ihr könnt selbst beurteilen, ob ihr die Fragen gut beantwortet habt oder nicht. Ebenso könnt ihr beurteilen, ob eure spirituelle Disziplin *(sādhana)* erfolgreich ist oder nicht. Sie ist auch schon für euch sehr wichtig; man kann gar nicht früh genug damit anfangen. Ebenso wie ihr den Körper regelmäßig mit Essen und Trinken versorgt, so müßt ihr auch die Bedürfnisse eures geistigen Körpers befriedigen, indem ihr euren Charakter durch ständiges Rezitieren des Namens Gottes *(japa)* und durch regelmäßiges Meditieren *(dhyāna)* festigt. Guter Umgang, eine positive Einstellung und gute Gedanken sind wesentlich für Wachstum und Gesundheit der inneren Persönlichkeit. Der Körper ist eine Wohnung, ein Schrein, ist sein Tempel. Ebenso wie ihr zu festgesetzter Zeit euren Kaffee oder Tee trinkt, solltet ihr zu festgesetzter Zeit den Namen des Herrn rezitieren und meditieren. Das trägt zur Gesundheit und Regsamkeit des Geistes bei.

Schüler müssen eine positive Lebenshaltung annehmen und körperliche Arbeit achten. Sie sollten zum Dienst an Körperbehinderten bereit sein und das Alter ehren. Verpaßt keine Gelegenheit, ihnen zu dienen und sie zu erfreuen. Ihr könnt alles tun, was echte, gesunde Freude bereitet; aber erniedrigt euch nicht, indem ihr eure Freizeit auf rüpelhafte Weise verbringt. Lungert nicht ziellos in den Straßen herum, seht keine minderwertigen Filme, vermeidet die Gesellschaft zweifelhafter Elemente und nehmt keine schlechten Angewohnheiten an, nur weil es euch gerade Spaß macht. Denkt daran, daß dieses Land nicht durch die gegenwärtigen Führer, sondern durch euch zu großen Höhen geführt werden muß. In anderen Ländern arbeiten die Menschen gerne mit denen zusammen, die mutig, intelligent und gut sind. Hier ist es leider ein nationaler Charakterzug, eifersüchtig aufeinander zu sein, und jene, die zu Höherem aufsteigen, verächtlich zu machen und ihnen hilfreiche Mitarbeit zu verweigern. Ihr Jungen müßt euch sagen: „Diese Erwachsenen wissen ganz genau, daß das, was sie tun, nicht richtig ist, und doch tun sie es. Das ist sehr schade! Wir werden alles anders machen, wenn wir erwachsen sind. Wir werden unsere Worte nicht mit unseren Taten Lügen strafen, sondern in Harmonie und Liebe zusammenarbeiten." Wenn ihr eine solche Einstellung entwickelt, wird die Nation blühen und gedeihen, wenn nicht, wird sie untergehen. Laßt euch diese Warnung immer in den Ohren klingen.

Ich segne euch alle: Bürger, Eltern, Lehrer und Schüler. Diese Schule, die von großzügigen Menschen errichtet wurde, wird einen sehr guten Ruf erhalten und als ausgezeichnete Lehranstalt bewertet werden. Daran habe ich keinen Zweifel.

Kannan High School, Chittur, 2.2.1958

Mut

Diese Ansprache war eigentlich nicht geplant, aber in diesem Fall erfülle ich die Gebete der *Devotees*. Ich werde euch heute keine neuen Ratschläge erteilen, sondern die gleichen, die ich Schülern in vielen anderen Schulen gegeben habe. Die Orte mögen verschieden von einander sein, aber die Schüler sind überall gleich. Sie sind sich in Wesen und Charakter ähnlich und haben dieselben Ideale und Probleme.

Der Präsident dieser Versammlung hat gerade darüber gesprochen, wie viel ihr mit den Prüfungsvorbereitungen zu tun habt. Aber wieviele von euch fangen jetzt überhaupt erst an, ihre Bücher vorzunehmen? Heutzutage ist es zur Gewohnheit geworden, neun Monate des Jahres alle mögliche Schundliteratur zu lesen und sich nur in den letzten zwei bis drei Monaten mit den Schulbüchern zu befassen. Das ist nicht richtig! Es ist sehr schädlich, das Gehirn mit minderwertigem Zeug vollzustopfen. Lest in eurer Freizeit Bücher, die das Verständnis der Welt und ihrer Geheimnisse fördern. Um ein glückliches, zufriedenes Leben führen zu können, ist eine gute Ausbildung nötig, eine Ausbildung, die auf den Gesetzen göttlicher Ordnung *(dharma)* aufgebaut ist.

Habt keine Angst vor Prüfungen! Ihr habt eine festgesetzte Zeit, in der ihr eine bestimmte Anzahl von Fragen beantworten müßt. Einige Schüler beginnen damit, die erste Frage zu beantworten und dann der

Reihe nach alle anderen. Es ist aber besser, sich die Zeit zu nehmen, zuerst alle Fragen durchzulesen und dann die auszuwählen, die ihr mit Zuversicht in Angriff nehmen könnt. Wenn ihr das tut, wird es euch später leichter fallen, die schwierigeren Fragen zu beantworten.

Verliert niemals den Mut während der Prüfung und auch nicht hinterher. Mut ist der Dünger, der die Pflanze der Gelehrsamkeit wachsen läßt. Auch wenn die Erde des Ackers gut ist, muß sie gedüngt werden.

Ihr müßt alle Helden und kühne Abenteurer werden; bereitet euch von jetzt an auf diese Rolle vor. Der Mensch besitzt die Eigenschaften einer ganzen Menagerie von Tieren, wie die von Hund, Fuchs, Esel und Wolf. Diese müßt ihr aber unterdrücken und den Merkmalen des Menschen, nämlich der Liebe und der Freundschaft, zum Durchbruch verhelfen. Eine Freundschaft, die sich in der Kindheit anbahnt, wird länger halten. Versucht deshalb jetzt, echte Freunde zu gewinnen. Vor allen Dingen jedoch müßt ihr jetzt damit beginnen, Tugenden zu entwickeln; das ist wichtiger und nützlicher als alles, was ihr aus Büchern lernen könnt. Dadurch erfahrt ihr wirkliches inneres Glück, denn das ist die Essenz allen Wissens, der Höhepunkt allen Lernens. Behandelt alle, als ob sie zu eurer Familie gehören. Wenn ihr ihnen auch nichts Gutes tun könnt, fügt ihnen wenigstens kein Leid zu. Entzündet das Licht der Liebe in euren Herzen, dann werden die Nachtvögel Habsucht und Eifersucht davonfliegen, weil sie das Licht nicht ertragen können. Echte Liebe (*prema*) macht euch demütig, und ihr beugt euch vor dem Großartigen und Glorreichen. Wer sich nicht beugen kann, ist mit der schlimmsten Art von Egoismus behaftet. Denkt daran, daß der Mensch das einzige Lebewesen ist, welches Größe und Herrlichkeit erkennen und verehren kann. Nutzt diese Fähigkeit zu eurem Vorteil.

Ebenso wie der negative und der positive Pol einer Stromquelle zusammengebracht werden müssen, um Licht zu erzeugen, so müssen Gott und Gottsucher sich auf dem spirituellen Pfad vereinigen *(yoga)*; nur das führt zur Erleuchtung. Besucht heilige Stätten, und pflegt Umgang mit frommen Menschen. Ein Magnet zieht nur Eisen an. Ein Schüler sollte sich nur an jene halten, die ihm in seinem Studium helfen können, und sich nur mit Dingen beschäftigen, die ihm Mut und inneres Glück verleihen.

Glaubt daran, daß die Wahrheit euch retten wird. Was auch kommen mag, haltet an diesem Glauben fest. Wenn ihr wahrhaftig seid, werden euch keine Schuldgefühle plagen. Feigheit und Lieblosigkeit lassen euch die Wahrheit verbergen. Seid mutig, dann braucht ihr keine Lüge. Seid voller Liebe, dann braucht ihr keine Ausflüchte. Gewöhnt euch an, immer die Wahrheit zu sprechen. Wenn ihr Lügen erzählt, dürft ihr nie vergessen, wem ihr was erzählt habt, damit ihr euch nicht mit neuen Lügen widersprecht. Wenn ihr den anderen liebt, braucht ihr ihn auch nicht mit Lügen zu täuschen; ihr werdet fühlen, daß er nicht weniger als die Wahrheit verdient. Liebe erspart euch viel Mühe.

Laßt euch nicht durch das Gerede von der Gleichheit von Männern und Frauen oder der Gleichheit aller Menschen irreführen, von der man heutzutage so viel hört. Jeder verfügt über ein gewisses Maß an Intelligenz und hat seine besonderen Instinkte, Impulse und Neigungen. So wie ihr diese weiter entwickelt, verändert oder vermindert, so werden sich Unterschiede in Eignung und Leistung ergeben. Benutzt jede Gelegenheit, eure Fertigkeiten, eure Gesundheit und euren Charakter zu verbessern. Das ist im Augenblick eure Pflicht. Knüpft bleibende Freundschaften an. Schadet anderen und euch selbst niemals durch törichtes oder leichtsinniges Handeln.

Ich sehe, daß auch einige Mädchen in eurer Schule sind. Behandelt sie mit großem Respekt, und sprecht nicht geringschätzig von ihnen. Sie sind eure Schwestern, und indem ihr sie ehrt, ehrt ihr euch selbst und eure Schwestern. Achtung den Frauen gegenüber ist ein Zeichen wirklicher Kultur.

Ich fordere euch nun auf, gute Bücher zu lesen, eure Lehrer zu verehren und alle Menschen zu lieben. Macht euren Eltern und Erziehern keine Schande, sondern pflegt den Geist der Nächstenliebe und lernt, wie ihr den Kranken und Bedürftigen dienen könnt. Nehmt jede Gelegenheit wahr, anderen zu helfen, und vermeidet auf alle Fälle, anderen Leid zuzufügen.

High School, Chitur, 3.3.1958

Viele Wege

Ich bin nicht zu euch gekommen, um zu „predigen", denn ich glaube nicht an den Wert bloßer Worte, wie gelehrt, hochtrabend und weitschweifend sie auch sein mögen. Ich bin gekommen, um meine Liebe *(prema)* mit euch zu teilen und an eurer Liebe teilzuhaben. Darauf lege ich Wert, denn das bringt wirklichen Gewinn.

Heutzutage vertreiben Stürme des Hasses und der Unehrlichkeit die Wolken der Rechtschaffenheit, Gerechtigkeit und Wahrhaftigkeit bis in die entferntesten Winkel des Himmels. Die Menschen haben das Gefühl, daß selbst das Urgesetz göttlicher Ordnung *(sanātana dharma)* in Gefahr ist, ausgelöscht zu werden. Das könnte jedoch nur geschehen, wenn es der Wille Gottes wäre. Aber der Herr, der diese göttliche Ordnung erschaffen hat, wird nicht zulassen, daß sie zerstört wird.

Wo immer Wahrheit, Rechtschaffenheit, Frieden und Liebe betont werden, gleichgültig von welchem Lehrer und in welcher Religion oder Sprache, da besteht diese Urordnung. Zweifelt nicht daran, daß sie bestehen bleiben wird, solange der Mensch fähig ist, selbstlose Liebe *(prema)* zu empfinden. Wenn diese Liebe auf den Herrn gerichtet ist, wird sich eure Vorstellungswelt grundlegend ändern. Der Mensch wird Freud und Leid seiner Mitmenschen teilen und dadurch mit der Quelle der Glückseligkeit, welche von Gewinn und Verlust dieser Welt nicht beeinflußt wird, in Verbindung treten. Liebe, die auf den Herrn ausgerichtet ist, nennt man *„bhakti"*; sie zeigt euch den Weg, der am leichtesten zum Ziel führt.

Man kann sagen, daß der Pfad der Liebe zu Gott *(bhakti)* verschiedene Stufen hat. „Mukhya *bhakti"* ist die Stufe, auf der nur der Dienst für den Herrn von Bedeutung ist. Er birgt die Belohnung in sich selbst. Der Gläubige versucht nur, dem Höchsten nach besten Kräften zu dienen. Allmählich verwandelt sich „mukhya *bhakti"* in „para *bhakti"*, den Zustand, in dem alles mit dem Namen und der Form der geliebten Gottheit verschmilzt. Und dann gibt es noch *„guna bhakti"*. Hier kommen in der Haltung des Gläubigen die drei Grundeigenschaften alles Erschaffenen *(guna)* zur Geltung. Es handelt sich um jenen, der um Linderung seiner Not bittet (ārta), um den nach weltlichem Gewinn Strebenden (athārtī), der um Erfüllung seiner Wünsche bittet, um den Sucher auf dem spirituellen Pfad (jijnāsu) und um den Weisen *(jnānī)*, der still und zufrieden ist und weiß, daß alles eins ist.

Um den Pfad liebender Verehrung *(bhakti)* zu gehen, braucht man weder Gelehrsamkeit oder Reichtum noch strenge asketische Übungen. War es die Abstammung *Vālmīkis*, der Reichtum Kuchelas, die Gelehrsamkeit Sabiris, das zarte Alter *Prahlādas*, die hohe Stellung Gajarājas, die Erfolge Viduras, welche diese zur Selbstverwirklichung führten? Selbstlose Liebe *(prema)* - das war alles, was dazu nötig war. Die Gnade des Herrn ist weit und grenzenlos wie das Meer. Durch spirituelle Übungen *(sādhana)*, durch Rezitation des Namens des Herrn *(japa)* und Meditation *(dhyāna)* wird diese Gnade in Wolken der Wahrheit verwandelt, aus denen der Regen als Liebe *(prema)* auf die Menschheit fällt. Die Wasser dieser Schauer sammeln sich und fließen als eine Flut von Glückseligkeit *(ānanda)* wieder zurück in das Meer der Gnade des Herrn. Wenn die Menschen von Liebe *(prema)* erfüllt sind, nennen wir das *„dayā"*, eine Eigenschaft, die nicht Mitleid, sondern Mitgefühl bedeutet; Mitgefühl, das glücklich macht, wenn andere glücklich sind, und unglücklich, wenn andere unglücklich sind.

Ihr habt doch die Bettler gesehen, die in den Straßen singen, nicht wahr? Sie haben jeder ein paar Zimbeln in der einen Hand, mit denen sie den Takt angeben, und in der anderen Hand ein einsaitiges Instrument, das sie zupfen und auf dessen Ton sie ihr Singen abstimmen. Das Lied würde falsch klingen, wenn sie die Tonart nicht halten könnten, und es würde ein Durcheinander geben, wenn sie aus dem Takt geraten würden. So sollte es auch mit dem Lied des Lebens sein: Verrichtet eure täglichen Aufgaben und singt mit Freude die Melodie der Liebe. Nur dann ist es gute Musik.

Es ist der Geist, der dem Menschen Glück oder Unglück bringt. Wenn er im Weltlichen verhaftet ist, führt er in die Knechtschaft; wenn er die Welt als vergänglich betrachtet, wird er frei und leicht. Erzieht den Geist dazu, nicht von Dingen abhängig zu sein, die sich zum Guten oder zum Schlechten verändern können. Haltet ihm nicht das Flitterwerk weltlichen Ruhms und Reichtums vor, sondern fesselt ihn mit den ewigen Freuden, die den Quellen in eurem Inneren entspringen. Das wird euch reich belohnen. Der Geist selbst wird dann euer *Guru* sein, denn er wird euch weiter und weiter führen, wenn ihr erst einmal die Süße der Meditation und des Wissens gekostet habt. Es ist der Geist, der das Gefäß, das der Töpfer geschaffen hat, mit der Göttlichkeit füllt, die der Gläubige darin sieht; es ist der Geist, der den Andachtsraum mit dem Wohlgeruch der Heiligkeit erfüllt.

Man liest, daß Übung Kraft verleiht, so wie Nahrung, die verdaut wird, und wie Gymnastik, welche die Gesundheit fördert. *Tyāgarāja* sang davon, daß Gott ebenso die innere Antriebskraft der Ameise ist wie die des Universums. Allerdings werdet ihr verstandesmäßig zugeben müssen, daß ihr, wenn euch eine Ameise beißt, nicht fühlt, daß ihr auf diese Weise mit Gott in Kontakt gekommen seid, nicht wahr? Verkündet große Wahrheiten nicht laut; zeigt durch euer Verhalten, daß ihr ihnen Wert beimeßt und daß ihr von ihnen geführt werdet. Paßt wenigstens darauf auf, daß ihr selbst nicht die gleichen Fehler begeht, die ihr anderen zur Last legt. Erwartet von anderen nicht, wonach zu streben ihr euch selbst nicht bemüht. Wenn ihr euch an diese beiden Regeln haltet, könnt ihr die Gnade des Herrn erlangen, selbst wenn ihr nicht vor einem heiligen Bildnis niederfallt oder an regelmäßigem Gottesdienst teilnehmt. Es gibt viele Straßen, auf denen man Madras erreichen kann; ebenso gibt es viele Straßen, die zur Gottheit führen: Liebe *(prema)*, Wahrheit *(satya)*, Dienst am Nächsten *(sevā)*, Mitgefühl *(dayā)* und Rezitation des Namens Gottes *(nāmasmarana)*. Und es gibt den Weg dessen, der die non-dualistische Erfahrung macht und sich selbst als die Grundsubstanz der Schöpfung *(brahman)* entdeckt. Alle Wege sind richtig; nur sind einige leicht, einige umständlich und andere schwer. Der leichteste Weg, die grundlegende Wahrheit zu erfahren, ist, den Herrn, der sich in all der Vielfalt als Urgrund aller Dinge spielerisch manifestiert, in jedem Wesen zu sehen. Ihr mögt euch wundern oder sogar daran zweifeln, wie es dem Herrn möglich ist, in jedem Wesen zu wohnen. Aber habt ihr nicht gesehen, wie ein einziges Mangosamenkorn zu einem Baum heranwächst, der Tausende von Früchten trägt, von denen jede ein Samenkorn in sich trägt, welches dem gleicht, das zuerst gepflanzt wurde? Ebenso kann man auch den einen Herrn in jedem Wesen finden, das durch seinen Willen erschaffen wurde.

Denkt daran, daß eure wahre Natur die gleiche ist wie die eines anderen Menschen; er ist du, nur mit anderem Namen. Wenn ihr jemandem Gutes tut, tut ihr euch selbst Gutes; wenn ihr jemandem etwas

Böses antut, schadet ihr euch selbst, denkt daran! Also vermeidet es, anderen zu schaden. Ich denke daran, wie Hussein, der Sohn Rabbia Maliks von Persien, sich zu verhalten pflegte. Er stand morgens früh auf, ging in die Moschee und verrichtete seine Gebete mit großem Eifer. Bei seiner Rückkehr fand er die Diener des Hauses noch schlafend auf ihren Matten. Er wurde wütend, fluchte und beschimpfte sie wegen der Vernachlässigung ihrer religiösen Pflichten. Sein Vater maßregelte ihn und sagte: „Sohn, warum wirst du zornig auf diese armen Seelen, die zu müde sind, am Morgen früh aufzuwachen? Lösche die guten Ergebnisse, die dein beständiges Befolgen der Gebote Gottes dir gebracht hat, nicht dadurch aus, daß du diesen unschuldigen Sklaven unrecht tust. Mir wäre es viel lieber, du würdest spät aufstehen und nicht in die Moschee gehen, als daß du stolz darauf bist, frommer zu sein als andere, und wagst, sie für etwas zu beschuldigen, für das sie nicht verantwortlich gemacht werden können."

Ihr müßt alle diese kleinen Einzelheiten beachten, denn Liebe zu Gott *(bhakti)* ist nicht nur eine Äußerlichkeit. Sie zeigt sich in einer Haltung, die sich in der Ehrfurcht vor dem Göttlichen in allen Wesen ausdrückt. Nehmt euch in acht vor der Lüge, die unter der Zunge lauert, vor der Gewalt, die sich in der Faust verbirgt und dem Ego, das sich hinter der Tat versteckt! Haltet sie in Schranken, bevor sich Gewohnheiten entwickeln können, die euren Charakter prägen und euer Schicksal beeinflussen.

Ramasvami Reddi sagte, daß ich viele Wunder vollbringe und daß ihr alle glücklich sein könnt, die Gelegenheit zu haben, mich anzuhören. Nun, ich bin wie ein Ladenbesitzer, in dessen Laden alles vorrätig ist, was der Mensch braucht. Ich gebe euch nur das, wonach ihr verlangt. Wenn der Kunde ein Handtuch haben will, wie kann ich ihm ein Kleidungsstück geben? Aber die materiellen Dinge sind überhaupt nicht wichtig. Bittet um Frömmigkeit und Weisheit - darüber bin ich glücklich. Viele haben nach diesen Dingen jetzt noch kein Verlangen, und das ist ihr Unglück. Sie verpassen dadurch ihre Gelegenheit.

Vielleicht sind die Erwachsenen Schuld an dieser Situation. Es ist ja die Pflicht der Erwachsenen, durch ihr Leben der jungen Generation zu zeigen, wie geistige Übungen *(sādhana)* und spirituelles Studium sie froher und mutiger im Abenteuer des Lebens gemacht haben. Die Jugendlichen ahmen immer die Erwachsenen nach. Sie streiten sich untereinander, wenn sie sehen, wie die Erwachsenen sich am Streit erfreuen. Sie verspotten das Heilige, wenn die Erwachsenen heilige Menschen und Institutionen mißachten. Deshalb gebe ich der Jugend nicht so viel Schuld wie den Erwachsenen. Der Glaube an Gott und an die Notwendigkeit geistiger Disziplin sind zurückgegangen, weil diese Dinge von den Erwachsenen vernachlässigt werden. Es ist die Verantwortung aller spirituellen Menschen, durch ihr Leben zu zeigen, daß Frömmigkeit nicht Schwachheit, sondern Stärke ist, daß sie eine Kraftquelle öffnet und daß eine Person, die an Gott glaubt, Hindernisse leichter überwinden kann als jemand, der nicht an ihn glaubt.

Ich bestehe nicht darauf, daß man Glauben an Gott haben muß. Ich lehne es jedoch ab, jemanden als Atheisten zu bezeichnen. Lebewesen existieren durch den Willen Gottes, in Übereinstimmung mit seinem Plan; deshalb steht niemand außerhalb seiner Gnade. Außerdem fühlt jeder Liebe in irgendeiner Form, und diese Liebe ist ein Funken des Göttlichen. Jedermann muß sein Leben letztlich auf irgendeine Wahrheit ausrichten, und diese Wahrheit ist Gott. Kein Leben kann in vollkommenem Widerspruch zur Wahrheit gelebt werden. Man muß sich an die Wahrheit halten, um das Leben lebenswert zu machen. Jeder Augenblick ist Gottes Augenblick. Wer in diesem Augenblick die Wahrheit sagt, liebt, ihr dient oder sich ihr beugt, der ist ein Theist.

Es ist also nicht einmal Liebe zu Gott *(bhakti)*, die nötig ist. Es ist Liebe, Wahrheit, Tugend, das Verlangen nach Vervollkommnung; es ist Dienen. Der Mensch muß sein Herz öffnen, die ganze Menschheit in seine Liebe einschließen und alle Formen göttlichen Bewußtseins anerkennen.

Mylapore, Madras, 24.3.1958

Prüfe und Erfahre!

Ich bin gekommen, um euer Leben zu erleichtern und nicht, um meines zu beschreiben! Deshalb war es mir nicht recht, daß Ramanatha Reddy und Kasturi über mich und die Vorkommnisse in meinem Leben gesprochen haben. Euer Leben ist mir viel wichtiger, denn es ist mein Ziel, dafür zu sorgen, daß ihr glücklicher und zufriedener leben könnt. Alle Wesen müssen handeln *(karma)*; das ist eine universale, unvermeidliche Verpflichtung. Manche glauben, daß nur verdienstvolle oder sündhafte, tugendhafte oder verwerfliche Taten *„Karma"* genannt werden können. Aber sogar euer Atmen ist *Karma*. Es gibt gewisse Handlungen *(karma)* auf der physischen, mentalen und spirituellen Ebene, deren Früchte ihr nicht aufgeben könnt! Wenn jede von ihnen dem Wohl des höheren Selbst dient, nennt man das Hingabe.

Es wurde euch geraten, nach *Puttaparthi* zu kommen und euch dort von den Liedern zur Ehre Gottes *(bhajan)* inspirieren zu lassen. Das ist nicht nötig! Wo ihr auch sein mögt, wenn ihr mich ruft, kann euer Zimmer, kann euer Dorf ein *Puttaparthi* werden. Ich bin immer bereit, zu hören und zu antworten.

Ich möchte, daß ihr tätig seid und euch voll einsetzt. Wenn ihr nichts tut, ist die Zeit vertan. Vergeudet nicht einen einzigen Augenblick der Lebenszeit, die euch zugemessen ist, denn Zeit ist der Körper Gottes. Man nennt ihn die „Verkörperung der Zeit" *(kāla svarūpa)*. Es ist ein Verbrechen, Zeit zu mißbrauchen oder müßig zu vergeuden. Ebenso sollten die körperlichen und geistigen Fähigkeiten, die euch von Gott als Kapital für das Geschäft des Lebens anvertraut wurden, nicht verzettelt werden. So wie die Schwerkraft alles nach unten zieht, so wird die Faulheit euch erbarmungslos herunterziehen. Ihr müßt daher immer auf der Hut, immer tätig sein. So wie ein Messinggefäß geputzt werden muß, damit es einen schönen Glanz bekommt, so muß der Geist des Menschen durch spirituelle Übungen *(sādhana)* geputzt werden; nämlich durch die Wiederholung des Namens Gottes *(japa)* und durch Meditation *(dhyāna)*. Handeln *(karma)* wird so natürlich und automatisch wie das Atmen, wenn es bewußt, mit dem richtigen Ziel im Auge, ausgeführt wird. Ein Hindu und sein britischer Freund kamen einmal an das Ufer des Godāvarī Flusses. Der Hindu sagte: „Ich werde in diesem heiligen Wasser baden." Er rezitierte den Namen *„Hari"*, als er hineinsprang, und er kam körperlich und geistig erfrischt wieder heraus. Er fühlte sich sehr glücklich, daß ihm die seltene Gelegenheit eines Bades in dem heiligen Fluß gegeben worden war. Der Brite lachte und sagte: „Wie kannst du nur so unaussprechliche Freude empfinden, darin ein Bad zu nehmen? Das ist alles Aberglaube!" Aber der Hindu erwiderte: „Lasse mir meinen Aberglauben, und bleibe du bei deinem Aberglauben." Dem Spötter bedeutete das Bad nur körperliche Reinigung; dem Gläubigen jedoch hat es auch geistige Läuterung gebracht.

Wenn ihr euch vor den Älteren verneigt, müßt ihr auch im Geist demütig sein; es darf sich nicht nur der Körper beugen. Hier in Madras gibt es viele soziale Helfer, die Krankenhäuser besuchen und sich um die Patienten kümmern. Es handelt sich meistens um mechanische Arbeit, wie zum Beispiel den Patienten Kühle zufächeln, Briefe für sie zu schreiben, *„bhajans"* mit ihnen zu singen usw. Sie bemühen sich aber nicht darum, herauszufinden, was die Patienten wirklich brauchen. Viele tun diese Arbeit nur, weil es gegenwärtig Mode ist, einen sozialen Dienst zu leisten. Aber bei dieser Arbeit müssen Geist und Herz fröhlich, intelligent und ehrerbietig zusammenwirken. Der Patient sollte keinen Widerwillen gegen das Getue des Helfers empfinden, sondern sich auf sein Kommen so freuen können, wie auf jemanden, der ihm sehr lieb und vertraut ist. Wenn ihr diese Arbeit nicht mögt, braucht ihr sie nicht zu tun. Bürdet euch nicht etwas auf, das euch unangenehm ist. Eine Arbeit, die mechanisch getan wird, ist wie eine Lampe mit einem trockenen Docht. Das Öl ist die Begeisterung. Fügt das Öl hinzu, dann wird die Lampe hell brennen.

Arbeit *(karma)* ist nur dann spirituelle Disziplin *(yoga)*, wenn sie ohne Erwartung einer Belohnung ausgeführt wird. Ein Mönch, der weltlichem Verlangen entsagt hat *(samnyāsin)*, sollte sich nicht einmal an das Gute, das er getan hat, erinnern; er sollte kein Ergebnis seines Handelns erwarten. Dieses höchste Ideal ist *„nishkāmakarma"*. Am besten ist es, aus Pflichtbewußtsein zu handeln und nicht, weil es eventuell Vorteile bringen könnte. Der Mönch *(samnyāsin)* sollte weder Zorn noch Angst, weder Eifersucht noch Gier empfinden. Eure Erfahrung wird euch bestätigen, daß es heutzutage nur wenige Mönche gibt, die davon frei sind. Schenkt jemandem, der seinem Gelübde untreu ist, der sich nach weltlichem Ruhm sehnt, sich in Verleumdung ergeht und mit anderen wetteifert, nicht die geringste Beachtung. Laßt euch durch das Verhalten solcher Personen nicht dazu verleiten, den *Shāstras* und den *Veden* keinen Glauben zu schenken. Nur wer fest in dem Glauben verankert ist, daß die Welt eine Wahnvorstellung des Geistes ist, ist wirklich ein *Swami*. Die anderen sind nicht dazu berechtigt, den Beinamen *„Swami"* zu tragen.

Die materielle Welt ist uralt. Ebenso ist die individuelle Seele *(jīvī)* uralt; sie ist viele Male in verschiedenen Körpern gekommen und gegangen. Jetzt ist sie wieder in einem neuen Gewand erschienen. Sie ist wie ein Pilger, der eine Wallfahrtsstätte besucht. Der Pilger braucht einen Führer, der ihm die heiligen Plätze zeigt und ihm hilft, seine Wallfahrt durchzuführen. Der Führer ist der Herr selbst; als Orientierungsbücher dienen die *Veden*, die *Upanishaden* und die *Shāstras*. Die Essenz dieser heiligen Bücher liegt in der einen Regel: Wiederholt den Namen des Herrn, und seid euch seiner Herrlichkeit immer bewußt!

Der Herr ist der göttliche Baum *(kalpavriksha)*, der euch jeden Wunsch erfüllt. Aber ihr müßt euch dem Baum nähern und euch das, was ihr haben wollt, wünschen. Der Atheist ist weit von dem Baum entfernt; der Theist ist ihm nahe gekommen. Das ist der Unterschied. Der Baum macht keine Unterschiede; er gewährt allen seinen Segen. Der Herr bestraft oder rächt sich nicht, wenn ihr ihn nicht anerkennt und ihn nicht verehrt. Es gibt keine besondere Art des Gottesdienstes, an der allein er Gefallen findet.

Wenn ihr Ohren habt, könnt ihr das „OM" hören, das die Gegenwart Gottes in jedem Laut ankündigt. Alle fünf Elemente produzieren diesen *„OM"*-Laut. Die Glocke im Tempel soll mit ihrem Geläut das *„OM"* als Symbol der Allgegenwart Gottes in Erinnerung bringen. Wenn die Glocke das *„OM"* läutet, erwacht das Göttliche in euch, und ihr werdet euch seiner Gegenwart bewußt. Das ist die Bedeutung der Glocke, die vor dem inneren Schrein im Tempel hängt.

Verdient das Recht, euch dem Herrn ohne Furcht nähern zu dürfen, und das Recht, ihn um eure Erbschaft zu bitten. Ihr müßt so frei werden, daß ihr nicht einmal das Bedürfnis habt, ihn anzubeten, wenn ihr euch dem Herrn nähert. Anbetung ist ein Zeichen von Abstand und Furcht. Ihr habt sicher die Geschichte von Kālidāsa gehört. Er hat gesagt, daß er Erlösung erlangen werde, „sobald das Ich geht". Das bedeutet, sobald das Ego verschwindet, denn dann wird Er in seiner natürlichen Herrlichkeit als das unzerstörbare göttliche Selbst *(ātman)* erstrahlen. Wenn das „Ich" (englisch :I) durchkreuzt wird, entsteht das Symbol des Kreuzes. Es ist das Ego, das gekreuzigt wird, denkt daran! Dann wird eure göttliche Natur ungehindert in Erscheinung treten.

Das Ego kann am leichtesten auf dem Pfad der Liebe zu Gott *(bhakti)* überwunden werden; durch Kontemplieren über die Herrlichkeit Gottes und durch den Dienst am Nächsten. Ihr könnt den Herrn mit jedem Namen anrufen, denn alle Namen sind sein. Wählt den Namen und die Form, die euch am besten zusagen. Die „Tausend Namen Gottes“, die verfaßt wurden, geben euch die Freiheit und das Recht, irgendeinen von ihnen zu wählen. Der *Guru* wird euch zu dem Namen und der Form raten, die eurer Art entsprechen. Sollte ein *Guru* euch zu bestimmten Reinigungsübungen zwingen wollen und erklären: „Das ist mein Befehl“, dann könnt ihr ihm sagen, die Hauptsache sei, daß diese euch befriedigen, nicht ihn. Ihr müßt eure spirituellen Übungen *(sādhana)* in einer Atmosphäre der Freude und Zufriedenheit ausführen.

Der *Guru* sollte den Schüler nicht zwingen, mit einer Krümmung in die Richtung zu wachsen, die er vorzieht. Der Schüler hat das Recht, sich seiner Art gemäß zu entwickeln. Die Beziehung zwischen Lehrer *(guru)* und Schüler, wie sie in alten Zeiten bestand, ist heutzutage auf den Kopf gestellt. Reiche und einflußreiche Schüler regieren jetzt den *Guru* und diktieren ihm, wie er sich verhalten soll. Und die *Gurus* wiederum, gierig, Geld und Ruhm anzuhäufen, beugen sich der Taktik, die der Schüler vorschlägt, und steigen so auf dessen Ebene herab. Deshalb prüft den *Guru* und seine Glaubwürdigkeit, seine Ideale und sein Verhalten, bevor ihr ihn als spirituellen Lehrer akzeptiert. Selbst in meinem Fall dürft ihr nicht von den Geschichten, die ihr hört, und von den Dingen, die ich mit einer Handbewegung materialisiere, angezogen werden. Kommt nicht mit geschlossenen Augen zu Schlußfolgerungen. Beobachtet, untersucht und wägt ab. Folgt niemandem nach, es sei denn, daß ihr mit innerer Gewißheit fühlt, daß ihr auf dem richtigen Weg seid. Vor allem aber, sprecht niemals schlecht über große und weise Menschen. Das wäre ein Zeichen von krassem Egoismus, welcher der Selbstüberschätzung entspringt.

Ich gebe euch heute folgenden Rat: Ebenso wie ihr euren Körper dreimal täglich speist, um ihn in guter Kondition zu erhalten, bemüht euch, regelmäßig jeden Tag zu bestimmten Zeiten, an der Kondition eures inneren Bewußtseins zu arbeiten. Verbringt die Stunde vor dem Morgengrauen, die *„brahmamuhūrta“* genannt wird, sowie je eine weitere Stunde am Morgen und am Abend mit dem Wiederholen des Namens des Herrn *(japa)* und mit Meditation *(dhyāna)*. Ihr werdet die Erfahrung machen, daß euch großer Frieden erfüllt und daß sich neue Kraftquellen in euch erschließen, wenn ihr diese spirituelle Disziplin *(sādhana)* durchführt. Nach einiger Zeit werdet ihr den Namen des Herrn ständig in euren Gedanken bewegen, wo immer ihr sein mögt und bei allem, was ihr tut. Dann werden Frieden und Freude eure ständigen Begleiter sein.

Gokhale Hall, Madras, 25.3.1958

Unterscheidungsvermögen und die Bindung an die materielle Welt

Ihr steht alle hier im Freien auf der Straße, und manche sitzen sogar in den Bäumen. Es wäre grausam, wenn ich zu lange sprechen würde. Doch ich weiß, daß ihr euch trotz der Unbequemlichkeit danach sehnt, meine Worte zu hören, und so werde ich euch zufriedenstellen. Glaubt mir: der Mensch ist göttlich, und er ist hier, um eine heilige Aufgabe zu erfüllen. Es ist ein großer Fehler und eine Sünde, ihn für gemein, schwach und sündig zu halten. Der Mensch muß sich sein Geburtsrecht, nämlich inneren Frieden *(shānti)*, verdienen. Friedlosigkeit *(ashānti)* ist für ihn ein unnatürlicher Zustand. Seine wahre Natur ist *„shānti"*. Der Mensch versucht auf verschiedene Weise, sich dieses Erbe zu sichern: durch Ansammlung von Vermögen, Erhaltung der Gesundheit, Aneignung von Wissen und durch die Pflege der Künste. Doch das alles ist nicht, worauf es ankommt, denn drei grundlegende Bedürfnisse werden nicht befriedigt, nämlich das tiefe Verlangen nach Wahrheit *(satya)*, nach Erleuchtung *(jyotis)* und nach Unsterblichkeit *(amrita)*. Nur wenn diese gewonnen sind, stellt sich der innere Frieden *(shānti)* ein.

Es hat keinen Zweck, sich in Diskussionen zu ergehen. Wer viel Lärm macht, hat die Wahrheit nicht erfaßt; das könnt ihr mir glauben. Stille ist die einzige Sprache derer, die sich selbst verwirklicht haben. Übt euch darin, wenig zu sprechen. Das wird euch in vieler Beziehung nützlich sein und eure Liebe wachsen lassen. Die meisten Mißverständnisse und Uneinigkeiten haben ihren Ursprung in unbedachten Worten. Wenn der Fuß ausrutscht und ihr euch verletzt, kann die Wunde geheilt werden, aber wenn die Zunge ausrutscht, kann die Wunde, die sie im Herzen des anderen verursacht, ein ganzes Leben lang eitern. Mit der Zunge werden vier schwere Fehler begangen: Es wird die Unwahrheit gesagt, Klatsch verbreitet, die Fehler anderer werden kritisiert, und es wird zu viel geredet. Solches Verhalten muß vermieden werden, wenn man Frieden *(shānti)* für das persönliche Leben sowie für das Leben der Gesellschaft finden will. Der Bund der Brüderlichkeit wird gefestigt, wenn die Menschen weniger und freundlicher reden. Das ist der Grund, weshalb die *Shāstras* das Gelübde des Schweigens als geistige Übung empfehlen. Ihr alle seid Aspiranten auf dem spirituellen Pfad, und deshalb ist diese Disziplin auch für euch wertvoll. Alle, jeder einzelne und die ganze Nation, müssen jetzt selbstlose Liebe *(prema)* entwickeln. Hindustan wurde groß durch die Flut der Liebe, der das Land seit Jahrhunderten ausgesetzt war. Liebe muß jetzt wieder alle sozialen, wirtschaftlichen, erzieherischen, familiären, religiösen, rechtlichen und anderen Beziehungen transformieren. Der Vater muß sein Kind noch verständnisvoller lieben; die Mutter muß allen, mit denen sie es zu tun hat, Liebe entgegenbringen; Kinder müssen alle Angehörigen des Haushalts lieben. Das Gefühl, daß jedermann gleichermaßen göttlich ist, muß das soziale und individuelle Verhalten umwandeln.

Ihr könnt mich *„Premasvarūpa"*, Verkörperung der Liebe, nennen und habt damit recht. Liebe ist mein Reichtum, und ich verteile ihn an die Elenden und Betrübten. Ich habe keine anderen Reichtümer. Die Gnade des Herrn fließt ständig wie der elektrische Strom. Schaltet eine Lampe ein, und euer Heim wird der Stärke der Glühbirne entsprechend erleuchtet. Die Glühbirne ist die spirituelle Disziplin *(sādhana)*, der ihr euch unterzieht, das Heim ist euer Herz. Kommt zu mir mit Freuden, taucht in das Meer und entdeckt seine Tiefen. Es hat keinen Zweck, im seichten Wasser an der Küste zu waten und dann zu behaupten, das Meer sei flach und habe keine Perlen. Taucht tief und ihr werdet finden, wonach ihr verlangt. Denkt daran, daß das Schwert der Liebe *(prema)* in der Scheide des Unterscheidungsvermögens *(viveka)* getragen werden muß. Die Sinne müssen strengstens von Unterscheidungsvermögen *(viveka)* und vom Freisein von Bindungen *(vairāgya)* regiert werden. Das Unterscheidungsvermögen läßt euch die richtige Wahl treffen, was eure Beschäftigungen und euren Umgang betrifft. Das Freisein von Bindungen bewahrt euch vor zu starker Verstrickung in weltliche Angelegenheiten und gibt euch ein Gefühl der Erleichterung in Zeiten des Überschwangs und der Verzweiflung. Das sind die zwei Schwingen, die den Vogel in die Luft emportragen. Sie halten euch die Vergänglichkeit der Welt und die Unvergänglichkeit des Glücks der wahren Wirklichkeit vor Augen. Sie veranlassen euch, euer Leben mit spiritueller Disziplin *(sādhana)* und in ständiger Kontemplation über die Herrlichkeit Gottes zu verbringen.

Gudur, 22.7.1958

Mensch und Gott

Alles zu seiner Zeit, so sagt man; die Frucht muß wachsen und reifen, bevor sie süß wird. Seit zehn Jahren komme ich nun in diese Stadt, aber erst heute abend in dieser großen Versammlung ist es euch möglich, die Glückseligkeit, die meine Worte vermitteln, zu erfahren. Ich bin sehr glücklich, euch alle in dieser gesegneten Stunde hier versammelt zu sehen. Alles, was ich euch über spirituelle Disziplin erklären kann, wurde schon oft gesagt. Fähigkeiten, Wesensart und Anlagen des Menschen sind seit langer Zeit vorhanden, und ebenso ist der Rat, den ich euch gebe, wie ihr diese nutzen sollt, sehr alt. Das einzige, was neu ist, ist das perverse Verhalten des Menschen - die Art und Weise, in der er seine Talente vergeudet, seine Fähigkeiten mißbraucht und seiner Natur zuwider handelt. Er hat den Weg vergessen, der in den heiligen Schriften für die Entwicklung seines Wesens vorgeschrieben ist, und das ist die Ursache seines Leidens und zugleich auch der Grund meines Kommens.

Der Mensch ist im Grunde ein Tier, das mit Unterscheidungsvermögen *(viveka)* begabt ist. Er ist aber nicht damit zufrieden, nur seine tierischen Bedürfnisse zu befriedigen. Er fühlt eine Leere, eine tiefe Unzufriedenheit, einen ungelöschten Durst, denn er ist ein Kind der Unsterblichkeit, und er fühlt, daß der Tod nicht das Ende sein kann und darf. Unterscheidungsvermögen treibt den Menschen dazu, die Antworten auf die Fragen zu suchen, die ihn beunruhigen: Wo komme ich her? Wo gehe ich hin? Was ist das Ziel? Das Unterscheidungsvermögen muß daher scharf und klar sein. Es gibt drei Arten, diese Fähigkeit einzusetzen, je nach dem, welche der drei Grundeigenschaften *(guna)* vorherrscht: Träge Unwissenheit *(tamas)* verwechselt die Wirklichkeit mit der Unwirklichkeit; Leidenschaftliche Aktivität *(rajas)* pendelt von der einen zur anderen. Beide sind nicht in der Lage, den Unterschied zu erkennen. Nur tugendhafte Ausgeglichenheit *(sattva)* weiß, was wirklich und was unwirklich ist.

Die Welt leidet heutzutage mehr an Überaktivität als an Trägheit. Die Menschen haben leidenschaftliche Zu- und Abneigungen. Sie sind fanatisch und parteisüchtig geworden und werden durch Pomp und Geschrei, Show und Propaganda mitgerissen. Das ist der Grund, weshalb Unterscheidungsvermögen so notwendig ist. Innere Ausgeglichenheit ist wesentlich, um das Ziel zu erreichen. Sie wird ruhig nach der unvergänglichen Wahrheit suchen und sich dann - was auch kommen mag - daran halten.

Ich bin gekommen, um euch allen zu helfen, den Weg zu dieser Ausgeglichenheit zu finden. Ihr mögt gehört haben, daß ich Wunder vollbringe, dieses „manifestiere“ und jenes „gebe“, Wünsche erfülle und Krankheiten heile. Aber das alles ist nicht so wichtig wie die Gelassenheit eines reinen Herzens *(sattvaguna)*, jene Eigenschaft, der ich großen Wert beimesse und die ich fördere. Natürlich verleihe ich auch Gesundheit und Wohlstand, aber nur, damit ihr mit größerem Eifer und mit weniger Unterbrechung mit euren spirituellen Bemühungen *(sādhana)* fortfahren könnt. Eßt gut, denn in guter körperlicher Verfassung kann sich eure Intelligenz voll entwickeln. Liebe zu Gott *(bhakti)* führt zu göttlichen Kräften *(shakti)* und diese verleihen euch die Fähigkeit, wirkliches Glück zu finden und euch auf die richtigen Dinge zu konzentrieren. Dadurch wird eure Liebe zu Gott *(bhakti)* vertieft, bis ihr schließlich der Erlösung *(moksha)* teilhaftig werdet.

Es ist notwendig, der Körperpflege gewisse Beachtung zu schenken sowie der überwältigenden Armut zu entfliehen. Aber paßt auf, daß ihr davon nicht so eingenommen werdet, daß ihr vergeßt, daß alles dies vergänglich ist. Lenkt eure Gedanken immer auf das Göttliche in euch *(ātman)*, welches die Substanz und die grundlegende Wirklichkeit hinter allem, was ihr wahrnehmt, ist.

Der erste Schritt in der Selbsterforschung ist, sich der Wahrheit bewußt zu werden, daß alles, was euch Schmerz bereitet, anderen auch Schmerz bereitet, und alles, was euch Freude macht, auch anderen Freude macht. Deshalb: Was du nicht willst, das man dir tu', das füg auch keinem andern zu. Dann wird eine gegenseitige Beziehung zwischen euch und anderen wachsen, und allmählich werdet ihr die Stufe erreichen, auf der euer Herz vor Freude jubelt, wenn andere sich freuen, und Schmerz empfindet, wenn andere traurig sind. Es genügt nicht, diese Beziehung nur auf eure Freunde und Verwandten und alle, die euch lieb sind, zu beschränken. Das wäre Selbsttäuschung. Die Teilnahme an der Freude und dem Leid aller muß unmittelbar und universal sein. Sie ist ein Zeichen großen spirituellen Fortschritts, denn nun weiß die Welle, daß alle Wellen nur zeitweilige Erscheinungsformen desselben Meeres sind, mit demselben Geschmack, den das Meer selbst hat. Die anderen sind ein Teil von euch selbst. Ihr braucht euch um sie keine Sorgen zu machen; sorgt euch um euch selbst, das ist genug. Wenn es euch gut geht, wird es den anderen auch gut gehen, denn ihr werdet sie nicht mehr als getrennt von euch ansehen. Andere zu kritisieren und ihre Fehler aufzuzeigen ist Egoismus. Sucht statt dessen nach euren eigenen Fehlern. Die Fehler, die ihr bei anderen feststellt, sind nur Spiegelungen eurer eigenen Charakterzüge. Sorgt euch nicht um Kleinigkeiten, richtet eure Gedanken auf den Herrn. Dann werdet ihr in die Gesellschaft guter Menschen geführt, und euer Wesen wird sich verwandeln.

Seid wie die Bienen, die den Nektar jeder Blume trinken, und nicht wie die Mücken, die Blut trinken und dabei Krankheiten übertragen. Als erstes betrachtet alle als Gottes Kinder, als eure eigenen Brüder und Schwestern. Entwickelt Liebe in eurem Herzen, und seid immer auf das Wohl der Menschheit bedacht. Liebt, und ihr werdet wieder geliebt. Wenn ihr Liebe um euch verbreitet und auf alle mit den Augen der Liebe seht, kann Haß euch nichts anhaben. Das ist die eine Lektion, die ich immer lehre, und das ist auch mein Geheimnis. Wenn ihr mich erreichen wollt, entwickelt Liebe in euch; gebt euren Haß, Zorn, Zynismus, eure Eifersucht und Unehrlichkeit auf. Ich verlange nicht, daß ihr Gelehrte oder Einsiedler oder Asketen werdet, die in Rezitation und Meditation geübt sind. Ich prüfe nur, ob euer Herz von Liebe erfüllt ist.

Glaubt daran, daß Gott Liebe und Wahrheit ist. Liebe ist Wahrheit, Wahrheit ist Liebe. Nur wenn ihr liebt, habt ihr keine Furcht. Furcht ist die Mutter der Unwahrheit. Wenn ihr furchtlos seid, werdet ihr euch an die Wahrheit halten. Der Spiegel der Liebe reflektiert euer wirkliches Selbst *(ātman)* und offenbart euch, daß es göttlich und universal ist und jedem Wesen innewohnt.

Ich will keine schwer verständlichen Dinge erzählen, sondern euch nur einfache Heilmittel geben, welche die Krankheiten heilen, unter denen ihr leidet. Ich sehe hier eine große Anzahl von Studenten. Was studieren sie? Was ist ihr Ziel? Wie können wir beurteilen, ob sie etwas gelernt haben? Nach dem Gehalt, das sie einmal verdienen werden? Nach der Stellung, die sie einnehmen können? Nein. Eine höhere Ausbildung muß die Entwicklung von Unterscheidungsvermögen *(viveka)* und Bescheidenheit *(vinaya)* fördern. Der gebildete Mensch muß in der Lage sein, das Wichtige vom Unwichtigen und das Dauerhafte vom Vergänglichen unterscheiden zu können. Er darf nicht dem unechten, glitzernden Flitter nachrennen, sondern er sollte statt dessen das gute, echte Gold suchen. Er muß wissen, wie er seinen Körper in guter Verfassung erhalten und Geist und Sinne beherrschen kann. Sein Verstand muß scharf und klar, ungehindert von Vorurteilen und Abneigungen, und seine Gefühle frei von Egoismus sein. Er muß sein wahres Selbst *(ātman)* erkennen, die Wirklichkeit, die er selbst ist, das Licht, welches sein Bewußtsein erhellt. Das Wissen darum wird ihm während seines ganzen Lebens Freude, Frieden und Mut geben. Alle müssen die Kunst erlernen, niemandem Leid zuzufügen.

Ich muß euch Studenten auch sagen, daß ihr euren Eltern zu großer Dankbarkeit für ihre großen Opfer verpflichtet seid, die es euch ermöglichen, euch dieser Einrichtungen hier zu erfreuen. Ja, ihr müßt eure Eltern als die sichtbaren Vertreter Gottes verehren. Sie sind für eure Existenz verantwortlich und für alle die Freuden und Abenteuer, die ihr im körperlichen und geistigen Bereich erfahren dürft. Aus diesem Grund müßt ihr ihnen dienen, sie respektieren und verehren.

Es war einmal ein Junge, der in den Straßen um Nahrung bettelte, um seine kranke Mutter und zwei kleine Schwestern am Leben zu erhalten. Eines abends weinte er vor der Haustür eines reichen Mannes. Der Junge hatte an diesem Tag nur ganz wenig erbettelt, und es war schon beinahe neun Uhr. Der Hausherr geriet in Wut, als er das Weinen hörte. Er kam heraus und stieß den Jungen mit dem Fuß in die Gosse. Dieser war schon sehr schwach, da er gehungert hatte, um seiner Mutter und seinen Schwestern zu essen zu geben. Als er jetzt hinfiel, flüsterte er sterbend: „Mutter! Hier ist etwas zu essen für dich." Und er hielt selbst im Tode den Napf ganz fest.

Das ist die Art von Hingabe, die eine Mutter für alle Opfer verdient, die sie gebracht hat, damit ihr Junge gesund und glücklich heranwachsen kann. Zeigt euren Eltern Dankbarkeit! Vergeßt sie auch nicht, wenn sie gestorben sind, sondern gedenkt ihrer tränenden Auges an den Jahrestagen ihres Hinscheidens. Es ist nicht so, daß eure Eltern in der anderen Welt eure Hingabe erwarten. Aber es ist eure Pflicht, ihnen dankbar zu sein. Sie haben euch mit eurer Geburt die Möglichkeit gegeben, auf dieser Welt zu sein und zur Selbstverwirklichung zu gelangen.

Die Eltern wiederum müssen die Kinder ermutigen, wenn sie Interesse an spirituellem Fortschritt und am Studium bekunden, und ihnen mit gutem Beispiel vorangehen. Viele der Kinder, die ich hier vor mir sehe, mögen ein *Vivekānanda* oder ein *Tyāgarāja* werden. Den Kindern muß jede Möglichkeit gegeben werden, die göttlichen Eigenschaften, die in ihnen liegen, zu entwickeln. Die Eltern müssen fühlen, daß sie von Gott dazu berufen sind, für die kleinen Seelen, die in ihren Haushalt geboren wurden, zu sorgen wie ein Gärtner, der sich um die Pflanzen kümmert, die im Garten seines Herrn wachsen. Sie müssen das Gute, das in den kleinen Herzen schlummert, erwecken, indem sie ihnen Geschichten von den Heiligen und Weisen der Vergangenheit erzählen. Sie müssen dafür sorgen, daß die Kinder keine Furcht entwickeln und keine Feiglinge werden, die Angst haben, aufrecht durchs Leben zu gehen.

Ihr alle seid das unzerstörbare göttliche Selbst *(ātman)*, glaubt es mir! Nichts braucht euch zu entmutigen! Im Traum erleidet ihr so vieles: den Verlust eures Geldes, Feuer, Überschwemmung, Beleidigung usw., aber das berührt euch alles nicht wirklich. Wenn diese Dinge geschehen, während ihr wach seid, werdet ihr davon berührt, aber in Wirklichkeit erleidet „ihr" es nicht. Gebt diese Täuschung, daß ihr der Körper seid, auf. Dann werdet ihr wirklich frei.

Zum Schluß noch ein Wort über mich selbst. Niemand kann mein Geheimnis verstehen. Das beste, was ihr tun könnt, ist, darin einzutauchen. Es hat keinen Zweck, das Für und Wider zu diskutieren. Taucht ein und ihr werdet wissen, was Tiefe ist, eßt und ihr werdet wissen, wie der Geschmack ist. Dann könnt ihr nach Herzenslust über mich sprechen. Entwickelt Wahrhaftigkeit und Liebe, dann braucht ihr nicht einmal zu mir zu beten, daß ich euch dies oder jenes gewähren möge. Alles wird euch ganz von selbst zufallen. Mensch *(nara)* und Gott *(nārāyana)* sind die beiden Drähte, der positive und der negative, die zusammen die Elektrizität wirksam werden lassen. Der Mensch wirkt mit Gott zusammen und wird zum Träger göttlicher Kraft, wenn Wahrhaftigkeit und Liebe in seinem Herzen wohnen.

Nellore, 25.7.1958

Toleranz

Ich hatte keine Ahnung, daß ich heute abend zu euch sprechen würde, aber ich brauche natürlich keine „Vorbereitung". Mein Wille schließt seine gleichzeitige Ausführung ein. Shri Subbaramaiah sprach gerade über einige wichtige Grundsätze der Lebensführung wie die Entwicklung von Tugend, Charakter, Selbstbeherrschung usw. Solche Ratschläge werden täglich von Hunderten von Rednern gegeben. Die Leute hören es und gehen fort. Sie praktizieren nicht, was sie gehört haben, und so bleibt alles beim alten. Das kommt daher, weil diejenigen, welche die Ratschläge erteilen, das, was sie predigen, nicht befolgen. Sie müßten selbst ein Beispiel für die Werte sein, die sie lehren. Sie beschreiben, wie vorteilhaft es sei, seine Gefühle im Zaum zu halten, wie die Blinden, die einen Elefanten nicht nach der eigenen Erfahrung beschreiben, sondern nach dem, was sie darüber gehört haben.

Es gibt so viel Rastlosigkeit heutzutage, weil die innere Ausgeglichenheit fehlt. Die Lebensregeln, die seit alten Zeiten überliefert werden, beschreiben eine bestimmte Verhaltensart, die Bücher, die man liest, eine andere, und was die Erfahrung lehrt, ist nicht eindeutig. Aber innerer Frieden hängt von der Ausgeglichenheit des Geistes ab. Der Körper ist das Rasthaus, die Seele der Pilger, der Geist der Wächter. Der Geist sucht nach dem Glück. Er glaubt, daß man Glück in dieser Welt durch Ruhm, Reichtum, Besitz und Beziehungen erwerben kann. Dann macht er sich Vorstellungen vom Himmel, wo es länger andauerndes Glück gibt. Schließlich entdeckt er, daß man unvergängliches Glück nur durch die Erkenntnis der Wirklichkeit des eigenen Selbst, welches Glückseligkeit ist, erlangen kann.

Das Lebensprinzip ist von der Hülse der Illusion *(māyā)* umgeben, so wie der Reis von einer Hülse umgeben ist. Die Illusion *(māyā)* muß entfernt und das Lebensprinzip „gekocht" werden, bis es weich ist und absorbiert werden kann, damit es Gesundheit und Kraft fördert. Der weichgekochte Reis kann mit dem höchsten Selbst verglichen werden. Für diesen Vorgang muß der Geist benutzt werden. Er muß sich auf die unvergängliche Wirklichkeit konzentrieren. Um die „Hülse" falscher Vorstellungen zu entfernen, muß die Unterscheidungsfähigkeit angewandt werden. Entwickelt euer Unterscheidungsvermögen, und findet heraus, was unvergänglich ist und was nicht, was nützlich ist und was nicht. Wendet auch in der Wahl eures *Gurus* euer Unterscheidungsvermögen an. Nicht alle Wolken sind Regenwolken. Ein wirklicher Lehrer zieht allein durch seine Persönlichkeit Sucher von weither an. Er braucht keine Propaganda mit großen Worten. Gottsucher fühlen seine Gegenwart und eilen zu ihm wie die Bienen zu einer Lotosblume in voller Blüte.

Sucht immer das Licht; seid voller Vertrauen und Freude. Verzweifelt niemals, denn Verzweiflung kann keine Lösung bringen. Sie verschlimmert nur das Problem, denn sie verdunkelt das Gemüt und stürzt euch in Zweifel. Ihr müßt den Pfad spiritueller Disziplin *(sādhana)* mit großer Begeisterung gehen. Wenn ihr nur mit halbem Herzen dabei seid, werdet ihr keine Früchte ernten. Es ist wie beim Reinigen eines verschlammten Bodens mit einem Wasserstrahl. Wenn das Wasser nur spärlich fließt, kann der Schlamm nicht entfernt werden. Es muß ein Strahl sein, der schnell mit großer Stärke alles, was vor ihm ist, fortwäscht, so daß der Boden von dem Schlamm gesäubert wird.

Ich werde nur über diese ersten Schritte zu euch sprechen, denn sie sind die allerwichtigsten für den Suchenden. Ihr seid alle oder solltet alle Aspiranten auf dem spirituellen Pfad sein. Erlösung *(moksha)* kann mit geistigen Mitteln erlangt werden. Behandelt andere so wie ihr möchtet, daß sie euch behandeln. Brütet niemals über die Vergangenheit nach. Wenn euch Kummer überkommt, denkt nicht an ähnliche Erfahrungen, die ihr in der Vergangenheit gemacht habt, denn das würde euren Kummer nur verstärken. Denkt lieber an Begebenheiten, die euch glücklich gemacht haben. Holt euch Trost und Kraft von solchen Erinnerungen, und überwindet so eure Niedergeschlagenheit. Man bezeichnet Frauen als „schwach“, weil sie sich leichter als Männer dem Ärger und den Sorgen hingeben. Deshalb rate ich ihnen, sich besonders zu bemühen, diese zu überwinden. Die Wiederholung des Namens des Herrn *(nāmasmarana)* ist das beste Mittel dafür, und wenn sich Männer und Frauen darin üben, wird der Herr ihnen zu Hilfe kommen. Das wird euren Glauben stärken, daß alles Gottes Wille ist und ihr weder das Recht habt, zu frohlocken noch zu verzweifeln.

Wenn ihr zum Arzt geht, müßt ihr die Medizin einnehmen, die er verschreibt, und seinen Rat und seine Anordnungen befolgen. Es hat keinen Zweck, ihm die Schuld für euer Leiden zu geben, wenn ihr euch nicht danach richtet. Wie kann er euch heilen, wenn ihr die Medizin nicht einnehmt oder die von ihm verordnete Diät nicht einhaltet? Tut, was ich euch sage, folgt meinem Rat und seht das Ergebnis!

Es ist ein Zeichen von Torheit, über Unrecht und Fehler zu brüten, die man einmal begangen hat, und sich selbst zu bestrafen, indem man keine Nahrung zu sich nimmt. Das ist eine sehr kindische Art der Bestrafung. Wie kann es gut sein, den Körper zu mißhandeln, um den Geist zu bessern?

Selbst, wenn ihr andere nicht lieben könnt, haßt und beneidet sie nicht. Mißversteht und beschimpft sie nicht, denn ihre Motive mögen ebenso gut sein wie die euren, und ihr Handeln mag nur auf Unwissenheit und nicht auf Bosheit und Mutwillen zurückzuführen sein. Verzeiht die Fehler der anderen, aber geht mit euch selbst hart ins Gericht.

Eine besondere Schlechtigkeit hat die heilige Kultur dieses alten Landes verdorben: die Intoleranz gegenüber dem Erfolg, dem Glück und dem Fortschritt anderer. Wenn ihr dem anderen nicht helfen könnt, dann unterlaßt es zumindest, ihm zu schaden oder ihm Leid zuzufügen. Das allein ist schon ein großer Dienst. Was gibt euch das Recht, den andern zu kritisieren und schlecht über ihn zu sprechen? Wenn ihr glaubt, daß nichts ohne Gottes Willen geschieht, warum ärgert ihr euch dann oder werdet zornig? Es ist eure Pflicht, euch selbst zu bessern und eure eigene innere Reinigung vorzunehmen. Dieses Bemühen wird zur Folge haben, daß alle guten Menschen mit euch zusammenarbeiten wollen und Kraft und Freude in euch wachsen werden.

Venkatagiri, 2.8.1958

Glückseligkeit durch Hingabe

Heute ist in der Tat ein Freudentag, denn wir sind hier zusammengekommen, um göttliche Liebe *(prema)* miteinander zu teilen. Die Freude ist allerdings etwas getrübt, weil ihr durch den Mangel an Platz in dieser Halle unter der Enge zu leiden habt. Ich finde, daß es nicht angebracht ist, daß ihr euch lange so quälen müßt, während ich es hier auf dieser überfüllten Plattform verhältnismäßig bequem habe. Das erklärt zum Teil die Unruhe und Aufregung, in der ihr euch befindet. Das sollte bei solchen festlichen Ereignissen wirklich anders sein. Ihr werdet beobachtet haben, daß dieselbe Gruppe von Leuten sich auf verschiedene Weise verhält, je nachdem, ob sie auf einer Hochzeit, im Kino, in einer Ausstellung, in einem Tempel oder bei einem Fußballspiel ist. Die Menschen werden bei den verschiedenen Anlässen von ganz unterschiedlichen Impulsen bewegt. Bei einer Zusammenkunft, die dazu bestimmt ist, spirituelle Bedürfnisse zu befriedigen, sollte man gespannte Aufmerksamkeit, Ruhe und ehrfurchtsvolle Stille erwarten dürfen. Hier braucht offensichtlich nur das Auge und das Ohr zu funktionieren, während die Zunge keinen Grund hat, zu plappern. Ich bin gekommen, um euch meine Liebe als Geschenk zu bringen, aber ihr scheint zufrieden zu sein mit der Verwirrung, in der ihr euch befindet.

Nun, so ist es schon viel besser. Das ist die Stille, die bei allen Versammlungen, bei denen über spirituelle Disziplin gesprochen wird, angebracht ist. Es ist natürlich immer und überall das beste, die Zunge im Zaum zu halten; das ist die allererste Übung, die ich für spirituellen Fortschritt verschreibe. Was ich jetzt zu sagen habe, ist nicht für jene bestimmt, die eine hingebungsvolle Liebe zu Gott *(bhakti)* empfinden, denn sie sind bereits auf dem Weg. Es ist auch nicht für jene gedacht, die Gott nicht lieben, denn es wäre nur Zeitverschwendung, zu ihnen zu sprechen. Es ist für die Schwankenden, die Unbeständigen, die

Zögernden, für jene, die sich der höheren Macht bewußt sind, aber deren Wunsch, mit ihr in Verbindung zu treten, nur schwach ist, da sie entweder nicht wissen, wie sie es anfangen sollen, oder weil sie Angst vor den Folgen haben. Ich spreche zu den halb-interessierten, halb-gleichgültigen Menschen. Medizin nützt weder den Toten noch den Gesunden. Sie ist für die Kranken, die zwischen Tod und Leben schweben, denn diese müssen gesund gepflegt werden.

Ich möchte, daß ihr zuerst die Kunst erlernt, mit anderen zusammenzuleben, ohne sie zu verletzen. Lernt, durch die Gelegenheit, die euch geboten wird, das Beste aus dem Leben zu machen, eure Instinkte zu sublimieren und eure Impulse und Wünsche auf eine höhere moralische und spirituelle Ebene zu heben. Zieht den größten Nutzen aus eurem Aufenthalt hier, und erfahrt Glückseligkeit in jeder Stunde. Ihr seid in einer heiligen Stadt mit vielen würdigen Institutionen. Viele fromme Menschen besuchen sie und geben wertvollen Rat. Es freut mich, daß der Malayaswami aus Yerpedu für die bevorstehenden Feierlichkeiten hier ist. Das gibt euch die Gelegenheit, die Lehren der Weisen aus alter Zeit anzuhören. Ich bin sicher, daß er gute Gedanken und Impulse in euch wachrufen wird, die euren spirituellen Fortschritt fördern.

Die Liebe zu Gott *(bhakti)* zeigt sich nicht darin, eine Girlande in der Hand zu halten und wertlose Konversation an heiligen Stätten zu führen. Ich wünsche und schätze es nicht, daß ihr mir Blumen und Früchte bringt. Bringt mir die duftende Blume eines reinen Herzens und die Frucht eines durch spirituelle Übungen *(sādhana)* gereiften Geistes. Das ist mir am liebsten. Bringt keine Dinge, die außerhalb eurer selbst sind und die man für Geld kaufen kann, ohne sich um die Läuterung des Geistes zu bemühen. Um ein Gefühl für ein solches Bemühen zu bekommen, müßt ihr die Gesellschaft spiritueller Menschen suchen und euch positiver Gedanken erfreuen. Vermehrt und vertieft eure Glückseligkeit *(ānanda)* und euer Unterscheidungsvermögen *(viveka)* auf jede mögliche Weise, so daß ihr immer darauf zurückgreifen könnt, wenn es notwendig wird.

Die Hauptquelle der Glückseligkeit ist Hingabe an Gott; nichts anderes kann echte und dauernde Freude vermitteln. Werdet euch eurer Verwandtschaft mit dem Herrn bewußt. Diese Verwandtschaft ist nicht nur eine eingebildete oder verfälschte Theorie. Sie besteht seit uralten Zeiten, seit dem Beginn der Zeit selbst, und sie wird, so weit es euch betrifft, so bestehen bleiben bis an das Ende aller Zeiten. Der Godāvarī-Fluß zwingt die Wasser seiner Nebenflüsse, dem Meer zuzufließen. Das Regenwasser fällt auf die Berge und fließt in Strömen durch die Ebenen, und der volle Godāvarī Fluß strömt durch das Delta. Ebenso wird die Seele für einen höheren Weg geboren, sie reist durch die Tiefen und strömt dann auf dem Weg der Pflichterfüllung und Hingabe ihrem Ziel, dem Göttlich-Absoluten *(brahman)*, entgegen. Man kann den Weg, der durch die Höhen und Tiefen führt, mit den Sinnen der Wahrnehmung entdecken. Haltet ihn frei von dämonischen Einflüssen und seid wachsam, daß ihr nicht rückfällig werdet. Die Sinnesorgane drängen euch in die Verwirrungen der materiellen Welt. Die Kuh frißt Gras und Schrot, und daraus entsteht in ihr die süße, nahrhafte Milch. So sollten auch die Erfahrungen, die ihr durch die Sinne gesammelt habt, euch helfen, die Süße der Gutherzigkeit, die Reinheit der Hingabe und Dauerhaftigkeit des inneren Friedens zu produzieren.

Jedermann hat einen Funken der Wahrheit in sich; niemand kann ohne ihn leben. Jedermann hat die Flamme der Liebe in sich; ohne sie wäre das Leben eine dunkle Leere. Der Funken ist Gott und die Flamme ist Gott, denn er ist die Quelle aller Wahrheit und aller Liebe. Der Mensch sucht nach der Wahrheit; er möchte die Wirklichkeit erkennen, denn sein ganzes Wesen ist aus Gott entstanden, und Gott ist Wahrheit. Der Mensch sucht Liebe, die er geben und teilen kann, denn sein Wesen kommt von Gott, und Gott ist Liebe.

Meditiert über die Wahrheit, dann werdet ihr entdecken, daß ihr ein schillerndes Bläschen auf dem Wasser seid, das aus Wasser entstanden ist, eine kurze Zeit auf dem Wasser lebt und dann, mit dem Wasser eins werdend, stirbt. Ihr verdankt Gott euer Leben; ihr werdet von Gott erhalten, und ihr werdet eins mit ihm werden. Alles, was lebt, wird dieses Endziel erreichen, ja selbst alles, was nicht lebt. Beginnt jetzt! Macht den ersten Schritt, reinigt euer Herz, schärft euren Verstand oder beginnt wenigstens, den Namen des Herrn zu rezitieren. Dadurch wird euch alles, was ihr braucht, zur rechten Zeit gegeben werden. Der Mann, der den Mangosamen sät, weiß nicht, ob er noch leben wird, um die Früchte des Mangobaumes ernten zu können. Aber darauf kommt es nicht an. Es ist seine Pflicht, zu pflanzen, zu wässern, zu beschützen, das Wachstum zu fördern; um alles andere kümmert sich der Herr. Das ist wirkliches Aufgeben des Verlangens nach den Früchten eures Handelns.

Vor allen Dingen entwickelt in eurem Herzen Liebe zu allen Wesen. Das wird Eifersucht, Zorn und Haß zerstören. Die Freude, die aus der Liebe kommt, und selbstsüchtiges Verlangen können nicht im selben Herzen zusammen existieren. Vertrauen erzeugt Vertrauen; Liebe erzeugt Liebe. Während ich mit so viel Liebe zu euch spreche, könnt ihr keinen Haß gegen mich empfinden! Durch Liebe wird die ganze Welt eure Familie, sie führt euch sicher zur Eintracht. Der Bauer pflanzt den Sämling und beobachtet sein Wachstum mit Sorgfalt. Er entfernt das Unkraut, vernichtet das Ungeziefer, er wässert und düngt und erwartet den Tag der Ernte, an dem er den Kornspeicher füllen kann. Ebenso müßt ihr selbstlose Liebe *(prema)* in euch reifen lassen und das Unkraut Haß und Neid ausreißen. Tragt rote Brillengläser und alles, was ihr seht, erscheint rot. Tragt Brillen der Liebe, und alles, was ihr seht, erscheint liebenswert und gut. Das Auge der Liebe sieht Gott in allen - nicht nur in den Armen, sondern auch in den Reichen. Ihr müßt die Reichen bedauern, denn sie haben so wenig Aussicht, von der Bindung an materielle Dinge frei zu werden! Seht Gott in allem, und bringt ihm die Blume der Liebe in Anbetung dar.

Selbst mein Wesen könnt ihr nur begreifen, wenn ihr die Brille der Heiligkeit tragt. Heilige Dinge können nur von einem heiligen Sucher erkannt werden. Ihr bekommt das, wonach ihr sucht; ihr seht das, wonach sich euer Auge sehnt. Der Arzt ist da, wo sich die Patienten befinden, der Chirurg im Operationssaal. Ebenso ist Gott immer bei denen, die leiden und sich abmühen. Wo immer Menschen in ihrer Qual aufschreien: „Oh Gott“ - da wird Gott sein.

Die Glaubwürdigkeit eines Arztes kann nur von einem anderen Arzt beurteilt werden. Der Patient muß daran glauben und seine Anordnungen befolgen, wenn er gesund werden will. Er kann den Arzt nur beurteilen, nachdem die Behandlung abgeschlossen ist. Doch wenn er die Anweisungen des Arztes nicht genau befolgt hat, hat er kein Recht, über ihn zu urteilen.

Was könnt ihr jetzt über mich sagen? Folgt meiner Verordnung! Natürlich wird diese für jeden von euch verschieden sein. Sie hängt von eurer Veranlagung, eurem Alter, der Bösartigkeit der Krankheit und von der Behandlung ab, die euch schon vorher zuteil wurde. Haltet euch auch an die Diät und die anderen Verhaltensregeln, die der Arzt empfiehlt. Das heißt, ihr sollt nicht nur die Namen des Herrn wiederholen und euch in Meditation üben. Dies müßt ihr zwar tun, aber um deren Wirkung zu ergänzen, müßt ihr ein diszipliniertes Leben führen, das gute Gedanken fördert; ihr müßt reine Nahrung zu euch nehmen und noble Ziele verfolgen. Solange ihr meine Anordnungen nicht genau befolgt, seid am besten still. Wie könnt ihr einen Berggipfel erklären, wenn ihr nicht einmal wißt, was ein Kieselstein ist?

Ihr mögt „furchtlos" sein, aber auch wenn ihr gar nichts fürchtet, die Wahrheit muß euch mit Ehrfurcht erfüllen! Es gibt nichts, das so ehrfurchterfüllend ist wie die Wirklichkeit der Wahrheit. Eure Wirklichkeit zum Beispiel, denn sie ist die Wahrheit des Universums.

Heute mögt ihr denken, daß ihr den Herrn nicht nötig habt, aber wenn der Hunger zu nagen beginnt, werdet ihr nach Nahrung verlangen. Wascht deshalb eure Herzen mit den Tränen der Freude, so daß der Herr selbst darin Wohnung nehmen kann. Ein Großgrundbesitzer mag im Besitz aller Felder sein, so weit das Auge reicht, aber er wird sich nur auf einer Stelle, die sauber ist, niedersetzen. So ist es auch, wenn der Herr das Herz eines *Devotees* erwählt. Das bedeutet nicht, daß alle anderen Herzen nicht auch in seinem Besitz wären; es bedeutet nur, daß diese nicht rein sind. Er ist überall, alle gehören ihm, sein Blick ruht auf allen. Wenn Gott nicht alles wäre, wie könnte von manchen Menschen ein Licht ausgehen, oder wie könnten sie überhaupt, so wie jetzt, existieren?

Glaubt deshalb fest an Gott und an euch selbst. Tut Gutes, und beschäftigt euch auf nützliche Weise. Sprecht die Wahrheit, und verletzt niemanden - weder durch Wort und Tat noch durch Gedanken. Das ist der Weg, auf dem innerer Frieden *(shānti)* gewonnen werden kann. Das ist der höchste Gewinn, den ihr in diesem Leben erringen könnt.

Rajamundry, 1.9.1958

Der weise Bauer

Heute bin ich wirklich voller Freude, denn ich sehe Menschen vor mir, die schwer arbeiten und die ihre persönliche Bequemlichkeit opfern, um andere glücklich zu machen. Was die Welt braucht, sind Menschen, die ihre Arbeit mit dieser Geisteshaltung verrichten. Jeder Mensch hat den göttlichen Funken, die Wahrheit und ein liebevolles Wesen in sich. Nur weiß er nicht, wie er diese zum Ausdruck bringen kann. So trägt er die doppelte Bürde der Freude und des Leides auf seinen Schultern. Mut ist das Stärkungsmittel, das sowohl physische wie geistige Gesundheit und Kraft verleiht. Gebt alle Zweifel, alles Zögern und alle Furcht auf. Gebt diesen keine Möglichkeit, in eurem Geist Wurzeln zu schlagen. Der Mensch kann durch die innere göttliche Kraft, mit der er ausgerüstet ist, alles erreichen; er kann sogar Gott werden!

Um Furcht und Zweifel aufgeben zu können, ist es hilfreich, den Namen Gottes immer auf der Zunge und in den Gedanken zu haben. Habt die zahllosen Erscheinungsformen des Herrn und seine grenzenlose Herrlichkeit vor Augen, während ihr seinen Namen wiederholt. Bindet euch an ihn, dann wird eure Bindung an weltliche Dinge gelöst, oder ihr werdet zumindest beginnen, diese in der richtigen Perspektive, nämlich als relative Wirklichkeit, zu sehen. Wenn sich das kleine Ego zu wichtig nimmt, entstehen Probleme. Das ist die Wurzel aller Plagen. In eurem Herzen ist die Freude des Selbst, *Rāma*, der ewige Freude verleiht. Wiederholt also den Namen *Rāma*, denn er ist die Sonne, die den Lotos in eurem Herzen zum Blühen bringt. Mit *Rāma* ist nicht der Sohn *Dasharathas* gemeint, sondern der Herrscher über die zehn Sinne. Das Wiederholen des Namens *Rāma* muß so selbstverständlich werden wie das Atmen; es muß ebenso oft durchgeführt werden, denn es ist ebenso wichtig. Der Name *Rāma* enthält Buchstaben, die in den *Shiva*- und *Nārāyana mantras* vorkommen, denn er ist aus den zweiten Silben beider Namen zusammengesetzt: Nārāyana und Namashiva. Dieser Name wird daher von allen Richtungen der Hindu-Religion akzeptiert. Er verleiht euch Macht und das spirituelle Kapital, welches ihr braucht.

Wirkliche Glückseligkeit kann nur durch die Transformation der Impulse, die den Geist bewegen, gewonnen werden. Reichtum kann das nicht zustande bringen. Ihr mögt denken, daß die Reichen glücklich sind; aber ich sage euch, daß sie große Sorgen haben, denn sie kommen in großer Anzahl zu mir, um Erleichterung zu finden. Sie haben keinen inneren Frieden *(shānti)*. Weder ein kräftiger Körper noch Gelehrsamkeit können diesen Frieden geben. Er kann auch nicht durch Askese oder rituellen Gottesdienst errungen werden. Nur ununterbrochenes Festhalten an den Namen Gottes wird euch den unerschütterlichen Frieden geben, der von dem Auf und Ab des Lebens unberührt bleibt. Das macht den Menschen zum Weisen.

Bis heute war Sai Baba nur ein Name ohne Form für euch; aber nun ist er zu euch gekommen, und so könnt ihr seine Form in eurem Gedächtnis behalten. Ebenso hat der Name *„Rāma"* eine Form, und ihr solltet euch diese immer vorstellen, wenn ihr seinen Namen rezitiert. Auf diese Weise wird der Name Gestalt annehmen und die Übung der Rezitation leichter für euch werden. Lebt immer in der Gegenwart dieses formerfüllten Namens, dann wird eurer Leben eine dauernde Anbetung des Herrn sein. In Wirklichkeit seid ihr Bauern heilige Seelen, denn ihr beugt euch unter dem Gewicht des Dienstes, den ihr tut. Nachdem ihr die Hände zum Gebet erhoben habt, müht ihr euch von morgens bis abends, der Erde die Ernte nahrhaften Getreides abzuringen, die alle Menschen ernährt.

Eure Aufgabe ist heilig, und das Produkt eurer Arbeit ist auch heilig. Warum sollte diese Aufgabe nicht durch die Entwicklung von Tugenden noch fruchtbringender gemacht werden? Das ist die wirkliche Ernte, die dem Herrn gefällt und welche die Welt erhält.

Kummer und Sorgen in der einen oder anderen Form wird es immer geben: in der Vergangenheit, der Gegenwart und der Zukunft, während des Wachseins, des Träumens und des Schlafens. Aber wenn ihr an Gott glaubt und ihm die Erfüllung eurer Aufgaben weiht, wird das alles an Bedeutung verlieren. *Nārada* rühmte sich eines Tages vor *Vishnu*, indem er behauptete, daß es keinen besseren *Devotee* gäbe als ihn. Dieses Verhalten verstieß gegen die wichtigste Forderung, die ein *Devotee (bhakta)* erfüllen muß - das Freisein von Egoismus. *Vishnu* sprach dann von einem Bauern, der sein kleines Stück Land pflügte und der ein noch besserer *Devotee* sei. Er empfahl *Nārada*, diesen zu besuchen und die „Kunst der Hingabe" von ihm zu erlernen! *Nārada* fühlte sich sehr gedemütigt und machte sich bedrückt auf den Weg zu dem betreffenden Dorf. Er fand den Bauern mit seinen Pflichten auf dem Feld, im Stall und im Hause beschäftigt. Obwohl er den Bauern aufmerksam beobachtete, hörte er ihn nicht mehr als dreimal während des Tages den Namen des Herrn aussprechen: einmal, als er erwachte, ein zweites Mal, als er sein Mittagsmahl einnahm, und ein letztes Mal, als er sich in der Nacht zum Schlafen niederlegte. *Nārada* war natürlich aufgebracht darüber, daß er geringer geachtet wurde als dieser Armseligste aller *Devotees*. Er sang immer mit wohlklingender Stimme das Lob des Herrn und verbreitete so die Botschaft über seine göttlichen Spiele *(līlā)*, und hier war ein Sohn der Erde mit schwieligen Händen, der nur dreimal täglich des Herrn gedachte, und diesen beurteilte *Vishnu* als ihm überlegen. Er eilte in den Himmel mit vor Wut und Schmach hochrotem Kopf, aber *Vishnu* lachte nur über seine Not. Er gab ihm einen Topf, der bis zum Rand mit Wasser gefüllt war, und befahl ihm, diesen eine bestimmte Strecke auf dem Kopf zu tragen, ohne auch nur einen Tropfen davon zu verschütten. *Nārada* tat dies, aber als er gefragt wurde, wie oft er sich dabei an den Namen des Herrn erinnert habe, mußte er zugeben, daß er vor lauter Sorge, den Topf nicht ins Wanken zu bringen und kein Wasser zu verschütten, den Namen des Herrn völlig vergessen hatte. *Vishnu* sagte ihm dann, daß der Bauer, der wertvollere und leichter verschüttbare Bürden zu tragen habe als einen Topf mit Wasser und der vorsichtig sein müsse, damit er keinen Schaden anrichte, dafür bewundert werden müsse, daß er wenigstens dreimal täglich des Herrn gedenke!

Es wird deshalb ein großer Gewinn für euch sein, wenn ihr wenigstens dreimal oder auch nur zweimal am Tag mit Dankbarkeit an den Herrn denkt; das wird euch großen Frieden geben. Vernachlässigt eure weltlichen Pflichten nicht, sondern führt sie mit dem Namen Gottes auf den Lippen aus. So werdet ihr der Gnade Gottes teilhaftig werden. Kümmert euch nicht um die Angelegenheiten eurer Nachbarn in solchem Maße, daß ihr darin verwickelt werdet und euch nicht mehr davon freimachen könnt. Verbringt eure Freizeit fröhlich und zufrieden in Betrachtung der Schönheiten der Natur, die Erde und Himmel vor euch ausbreiten. Freut euch an den grünen Weiten der Felder, die ihr bestellt habt, der kühlen Brise, die euch umweht, dem Panorama der verschiedenfarbigen Wolken, der Musik der Vögel. Singt Gott zum Ruhm, wenn ihr an den Feldern und den Ufern des Kanals entlang geht. Führt keine haßerfüllten Gespräche inmitten all dieser Beweise der Liebe; ärgert euch nicht in dieser milden Umgebung; stört den Himmel nicht mit eurem Schreien und Fluchen. Verschmutzt die Luft nicht mit überheblicher Prahlerei.

Der Sämling braucht Wasser und Dünger zum Wachsen, damit er reiche Ernte bringen kann. Der junge Baum spirituellen Sehnens nach Erlösung von der Knechtschaft der Sinne braucht diese beiden Dinge auch. Das ist es, was ihr ihm geben müßt. Das ist das Zeichen eines weisen Bauern.

Vor allen Dingen ändert eure Gewohnheiten und bessert euer Betragen. Eine schlechte Angewohnheit, die in dieser Gegend tiefe Wurzeln geschlagen hat, ist das Rauchen von Tabak, ein Übel, das sich schnell verbreitet. Es zerstört die Gesundheit, das Glück, die Handlungsfreiheit und den Charme. Rauch löscht weder den Durst noch füllt er den hungrigen Magen. Er entstellt das Gesicht und schwärzt die Lungen. Er schwächt euch und macht euch krank. Beherrscht euch und fallt nicht in die Schlingen, mit denen Freunde oder die sogenannte gesellschaftliche Konvention euch einfangen wollen. Werdet keine Beute dieser und anderer schlechter Gewohnheiten.

Der Körper ist der Tempel des Herrn, erhaltet ihn in guter, kräftiger Verfassung. Falsche Ernährung schadet ihm ebenso wie falsches Verhalten, das von Zorn, Haß, Geiz, Faulheit, zu viel Schlaf und Untätigkeit gekennzeichnet wird. Wenn ihr gegen jemanden Wut und Zorn empfindet, trinkt schnell ein Glas kaltes Wasser, und wiederholt den Namen des Herrn, oder legt euch auf euer Bett, bis der Anfall vorüber ist. Durch Zorn verletzt ihr den anderen, und er wird euch verletzen. Wenn der Jähzorn aufsteigt, entsteht Hitze, und diese verursacht bleibende Wunden. Denkt daran, daß fünf Minuten Zorn sich über fünf Generationen hinweg auswirken können. Eure Existenz ist das wirkliche *Hastināpura*, wo der blinde König *Dhritarāshtra* als Symbol der Unwissenheit herrscht und ebenso *Yudhishthira* als Symbol der Weisheit. Laßt die Kräfte des *Yudhishthira* mit der Hilfe *Krishnas* gewinnen, laßt die Zunge, die an den bitteren Geschmack der Margosa-Frucht weltlicher Triumphe und Katastrophen gewöhnt ist, die Süße der Wiederholung des Namens Gottes *(nāmasmarana)* kosten. Übt euch für eine Weile darin, und ihr werdet über das Ergebnis überrascht sein. Ihr könnt fühlen, wie Frieden und Ausgeglichenheit sich in euch und um euch herum verbreiten. Lernt diese leichte Lektion, genießt die damit verbundene Freude, und laßt auch andere daran teilhaben.

Mirthipadu, 2.9.1958

Helden! Nicht Schwächlinge

Ich bin glücklich, daß ich hier mit so vielen von euch sprechen konnte. Gestern und vorgestern konnte ich die gleiche erfreuliche Erfahrung machen. Die ganze Welt ist heutzutage in Aufruhr, ist unzufrieden und voller Angst und Sorge, Uneinigkeit und Haß. Um Ruhe und Frieden herzustellen und Unzufriedenheit und Angst zu beseitigen, müßt ihr Begeisterung und Mut haben. Wenn ihr Niederlagen und Enttäuschungen erfahrt, laßt euch nicht von Schwäche und Verzweiflung überwältigen. Verurteilt euch niemals als gering und nutzlos. Analysiert die Niederlage und findet die Gründe heraus, die dazu geführt haben, damit ihr sie das nächste Mal vermeiden könnt.

Ihr solltet Muskeln aus Eisen und Nerven aus Stahl besitzen, dann werdet ihr mit Entschlossenheit und Selbstvertrauen alle Widerstände überwinden. Für die Feldfrüchte des Lebens sind Mut und Selbstvertrauen der beste Dünger; sie sind auch die besten Schädlingsbekämpfungsmittel. Seid auf spirituellem Gebiet wie die Löwen, regiert den Dschungel der Sinne, und streift furchtlos umher im vollen Glauben an den Sieg. Seid Helden, nicht Schwächlinge, denn der Mensch ist im wesentlichen Gott; er ist das unzerstörbare göttliche Selbst *(ātman)*. Ebenso wie der Regen, der in verschiedenen Teilen der Welt fällt, durch tausend Kanäle fließt und schließlich das Meer erreicht, so werden die verschiedenen Glaubensrichtungen und Religionen, die alle dem Sehnen des Menschen nach dem unerforschlichen Jenseits entspringen, in tausend verschiedenen Formen fließen, viele Felder fruchtbar machen, vielen Ortschaften Kühlung bringen, müde Menschen erfrischen, bis sie endlich das Meer der Glückseligkeit erreichen.

Gott ist Liebe, und deshalb kann er nur durch Liebe erkannt werden. Den Mondschein kann man sehen, ohne daß man ein anderes

Licht anzünden muß. In der Nacht der Verblendung kann der Herr nur durch das Licht gesehen werden, das er selbst ist, nämlich das Licht reiner Liebe. Er ist ewige Wahrheit und deshalb jenseits der durch die Sinne vermittelten Halbwahrheiten dieser Welt.

Gebt den irrigen Gedanken auf, daß ihr alt, krank oder schwach und gebrechlich seid. Manche Leute zählen die Jahre, grämen sich über das zunehmende Alter und zittern wie Feiglinge aus Angst vor dem Tode. Denkt daran: innere Freude ist der Himmel, Verzweiflung ist die Hölle. Seht zu, daß ihr immer eine Arbeit habt, und tut sie so gut, daß sie euch Freude macht. Täuschung ist der Staub, der sich auf dem Glaszylinder der Laterne festsetzt und das Licht trübt. Die Abhängigkeit von materiellen Dingen und das Vergnügen, das sie bereiten, ist der Ruß, der auf der Innenseite des Zylinders festklebt. Auch das trübt das Licht. Reinigt den Zylinder durch das tägliche Wiederholen des Namens Gottes *(nāmasmarana)*, und die Lampe wird für euch und für andere leuchten. Beschäftigt euch auch mit guten Werken und sucht gute Gesellschaft, das wird euch in eurem spirituellen Bemühen *(sādhana)* helfen. Eine gute Atmosphäre ist für den Sucher nach der Wirklichkeit sehr wichtig. Aus diesem Grunde nahmen diese in früheren Zeiten Zuflucht in *Ashrams*, in denen die Weisen Gleichgesinnte um sich versammelten. Dort hatten sie die einzigartige Gelegenheit, sich in guter Gesellschaft intensiv mit guten Gedanken und guten Werken zu befassen. Das ist so, als wenn man einen Topf mit Wasser in Wasser stellt; das Wasser im Topf wird nicht durch Verdunstung verloren gehen. Aber wenn der Topf mit Wasser im Freien steht, der Wind darüber streicht und die Sonne darauf scheint, dann wird er bald leer sein. Paßt auf, daß der Erfolg, den ihr in der Förderung der Tugend, durch Überwindung verderblicher Gewohnheiten und durch regelmäßige Disziplin erlangt habt, nicht durch schlechte Gesellschaft, loses Geschwätz, zynische Kritik oder Gleichgültigkeit wieder verloren geht.

Die Göttin des Sieges lächelt nur den Helden zu, jenen, die Löwen aus sich machen, die kühne, mutige, abenteuerliche Krieger sind. Wenn ihr euch die Gnade Gottes sichert, werdet ihr mit so viel Kraft ausgerüstet, daß ihr selbst die schwierigsten Aufgaben ausführen könnt. Bringt deshalb den Herrn auf eure Seite, und verlaßt euch in allem auf seine Gnade.

Der zweifellos kostbarste Schatz ist innerer Frieden, der Ausgeglichenheit mit sich bringt. Übt euch darin, daß dies eure natürliche innere Haltung wird. Warum sollte es euch aus der Fassung bringen, wenn ihr Unrecht seht? Warum solltet ihr vom Bösen angezogen werden? Denkt daran, daß alles Schlechte die Möglichkeit in sich birgt, gut zu werden, und daß das Gute sich auch in Schlechtes verwandeln kann. Wo Feuer ist, da entsteht eine Rauchfahne; wo Rauch ist, da ist jedenfalls ein Funken Feuer. Niemand ist ganz böse oder ganz unfehlbar. Nehmt die Welt, wie sie ist, und erwartet niemals, daß sie sich euren Bedürfnissen oder Maßstäben anpaßt. Täuschung *(māyā)* verhüllt das Gute mit dem Makel des Schlechten und läßt das Schlechte mit dem Glanz des Guten glitzern. Erkennt das, so gut ihr könnt, und entwickelt die Fähigkeit zu unterscheiden. Gebt euch Mühe, zu gewinnen, das ist das beste, was ihr tun könnt. Nur wenige können sagen: „Ich habe gewonnen." Euer Gewissen kennt die wirkliche Quelle der Freude, es wird euch anspornen, den rechten Weg zu gehen. Eure Aufgabe ist es, das Gewissen als „Führer" anzunehmen, und ihr dürft ihm nicht jedesmal ungehorsam sein, wenn es euren Wünschen widerspricht.

Es saßen einmal zwei Papageien auf einem Baum, genauer gesagt, Zwillinge. Ein Jäger hat sie eingefangen und dann den einen an einen gemeinen, grausamen Metzger verkauft und den anderen an einen Weisen, der einen *Ashram* leitete und die *Veden* lehrte. Nach zwei Jahren stellte er überrascht fest, daß der eine Vogel unflätig fluchte, während der andere in einer süßen Melodie von den göttlichen Spielen des Herrn *(līlā)* sang und damit die Hörer bezauberte. Eine solche Wirkung hat die Umgebung! Deshalb sucht und sichert euch gute Gesellschaft. Wenn der Mensch die Wahrheit aufgibt, gerät er auf den Weg der Unehrlichkeit. Dann wird sich, wie Appa Rao gerade sagte, nicht allgemeine Wohlfahrt, sondern Unglück auf der Erde verbreiten. Dann wird sich, anstelle des Wohlstandes, Hungersnot im Lande einstellen. Appa Rao hat gesagt, daß man in Hindustan viele Offenbarungen Gottes erlebt habe. Das ist wahr. Die Lehrer müssen dort sein, wo die Schulen sind, und die Schulen dort, wo es Kinder gibt, die etwas lernen wollen. Die Lehrer können nicht woanders sein als die Schüler, die Tafel nicht in einem anderen Gebäude als die Schulglokke. In der Nähe von Gudur sind Schiefer-Bergwerke; es hat keinen

Sinn zu fragen, warum es keine in der Nähe von Peddapuram gibt. Es ist eben so, das ist alles. So gibt es in Indien ein Bergwerk der Spiritualität, und Bergwerksingenieure müssen hierher kommen, um sie auszugraben und zur Benutzung aufzubereiten. Das ist der Grund dafür, daß Manifestationen Gottes hier mehr in Erscheinung treten. Die Atmosphäre hier ist auch förderlicher für die praktische Anwendung neuer Methoden der Gewinnung und des Gebrauchs dieser Spiritualität zum Wohl der gesamten Menschheit.

Bhārat bedeutet „das Land derer, die Bindung (rati) an Gott (bha oder *bhagavān)* haben". Gott muß in menschlicher Gestalt kommen und unter den Menschen wandeln, so daß er gehört, geliebt und verehrt werden kann, daß man eine enge Verbindung zu ihm herstellen und ihm gehorchen kann. Er muß die Sprache der Menschen sprechen und sich wie ein Mitglied ihrer Gattung verhalten. Andernfalls würde er entweder verneint oder vernachlässigt, gefürchtet oder gemieden werden. Der *Avatar* muß die Menschheit in einen Schmelztiegel werfen, um die Schlacke und minderwertigen Metalle zu entfernen, die den Sterlingwert gemindert haben. Wenn kleine Buben den Gartenschlauch aufdrehen, ohne dessen Mechanismus zu kennen, werden sie durch die kreisförmige Bewegung des Schlauches mit Wasser überschüttet. Ebenso wird der Mensch von Sorgen überschüttet, weil er den Mechanismus nicht kennt, der einen gleichmäßigen Fluß des Lebens ermöglicht.

Wenn der Regisseur gut ist, ist die Vorstellung gut; wenn der Regisseur schlecht ist, wird das Schauspiel ein Mißerfolg. Die Führer der Menschen müssen an ihr eigenes göttliches Selbst *(ātman)* glauben und von der Zuversicht erfüllt sein, die daraus entsteht. Dann können sie andere regieren und werden niemanden auf Abwege führen, denn sie werden die Verwandtschaft des göttlichen Selbst *(ātman)* in allen spüren.

Appa Rao hat von mir gesprochen. Mein Geheimnis kann nur erkennen, wer meinen Weg geht, den Weg, den ich hier festgelegt habe. Wer sich selbst erkennt, dem werde auch ich offenbart werden.

Es ist nicht notwendig, sich in den Wald oder in eine Höhle zurückzuziehen, um die eigene innere Wirklichkeit zu erkennen und die niederen Naturinstinkte zu überwinden. Man hat dort tatsächlich keine Gelegenheit, sich zu ärgern, und deshalb kann ein errungener Sieg nicht echt und dauerhaft sein. Gewinnt den Lebenskampf, während ihr in der Welt seid, aber laßt euch nicht von ihr einfangen. Das ist der Sieg, für den ihr verdient, beglückwünscht zu werden.

Peddapuram, 3.9.1958

Beherrschung der Sinne

Die Organisatoren dieser Einweihungsfeier zweifelten bis vor etwa einer Stunde daran, daß ich wirklich kommen werde. Sie hatten sich mit der möglichen Enttäuschung abgefunden und fieberhaft alternative Vorkehrungen getroffen. Sie hatten gehört, daß der Godāvarī-Fluß Hochflut habe und ich mich in Rajahmundry aufhalte. Sie fürchteten, es sei mir nicht möglich, die Fluten zu überqueren und zur rechten Zeit in den Süden zu gelangen, um mein Versprechen zu halten. Aus der Tatsache, daß ich ihnen erlaubt hatte, mein Kommen zu dieser Feierlichkeit anzukündigen, hätten sie schließen können, daß die Fluten zurückgehen würden und ich rechtzeitig in ihrer Mitte sein werde. Wenn mein Wort hinausgeht, muß es dementsprechend geschehen; zweifelt nicht daran! Die wütenden Fluten erzitterten vor *Rāma* und gingen auch rechtzeitig zurück für mich.

Wir verließen Chebrole gestern nacht um 11 Uhr und erreichten Nizzvid kurz vor Sonnenaufgang. Von dort fuhren wir während des ganzen Tages, ohne anzuhalten. Wir wurden nicht einmal langsamer, als ich den Prinzen und andere an der Brücke am Rande dieser Stadt stehen sah, denn ich war entschlossen, wie versprochen, um 5 Uhr hier zu sein. Ich kann euch verraten, daß dies für die Organisatoren etwas unvermutet war, denn sie waren durch Gerüchte verwirrt, daß ich aufgehalten worden und weder durch Telegramm noch durch Telefon zu erreichen sei. Sie baten mich um etwas Zeit, etwa zwei Stunden, um in Eile die Vorbereitungen zu treffen! Glaubt mir, nichts kann mich aufhalten, mein Wille muß geschehen. Jene, welche die Gerüchte verbreiteten, ich sei durch die Fluten aufgehalten, haben meine Wirklichkeit nicht erkannt.

Nichts kann mich aufhalten, aufregen oder mich in dieser menschlichen Form beeinflussen, seid dessen gewiß! Nicht einmal ein Haar kann durch Kräfte der Verleumdung, des Mißtrauens oder der Unwissenheit gekrümmt werden. Mein Wille muß geschehen; meine Aufgabe muß vollendet werden. Meine Mission wird Erfolg haben. Ich bin gekommen, um das menschliche Herz mit göttlichem Licht zu erleuchten und die Menschen von der Täuschung zu befreien, die sie vom Pfad des inneren Friedens, von der vollkommenen Ausgeglichenheit der Selbstverwirklichung hinwegführt.

Diese Schule ist mit dem verstorbenen Bruder des *Rāja* Saheb verbunden, einem Mann, dessen Gedanken selbst in den letzten Augenblicken seines Lebens auf meinem Namen verweilten. Deshalb habe ich zugestimmt, diese Schule einzuweihen. Nun muß ich feststellen, daß sein Name, den die Schule tragen soll und der aus einer Zusammensetzung verschiedener Namen Gottes besteht, die an die göttliche Herrlichkeit erinnern, zu einer Reihe einzelner Buchstaben verkürzt wurde, die weder Ausstrahlung noch Bedeutung haben. Das ist nicht angemessen. Warum einen Namen durch Verkürzung und Verstümmelung seiner Heiligkeit berauben? Die entstellende Aufzählung von Buchstaben, mit der ihr seinen vollen Namen, wohl aus Bequemlichkeit, ersetzt habt, erscheint mir noch komplizierter als der eigentliche Name, der zwar lang ist, aber an den Glanz und die Herrlichkeit des Herrn erinnert. Die *Shāstras* empfehlen solche Namen für die Menschen, damit immer, wenn man sie ausspricht, das liebliche und strahlende Bild des Herrn in der einen oder anderen Form vor dem inneren Auge erscheint.

Es ist wirklich gut, daß die Mädchen dieser Stadt nun eine höhere Schule haben. Ich würdige die gemeinsamen Anstrengungen, die zur Eröffnung dieser Schule geführt haben, und bin sehr zufrieden mit dem Gebäude und der Einrichtung. Ich segne die Mädchen, daß sie hier so gut lernen wie die Schülerinnen in den anderen Schulen. Alle Schulen sind meine Schulen, ob ich sie persönlich eingeweiht habe oder nicht. Mögen sie den Glauben an die göttliche Ordnung *(dharma)* und Mitgefühl für alle in sich wachsen lassen. *Bhārat* (Indien) muß wieder die Rolle des Lehrers für die ganze Menschheit übernehmen, und deshalb müssen alle Jungen und Mädchen ihren Charakter verbessern und ein Leben in strengster moralischer Disziplin führen. „Bhārata“ ist ein Wort, das von Gott *(Bhagavān)* und Bindung (rata) kommt und ständige Bindung an Gott bedeutet. Das Wort bezeichnet ein Volk, das sich dem Dienst weiht, dem Göttlichen im Menschen zum Durchbruch zu verhelfen. Deshalb müßt ihr zusätzlich zu der heutigen Schulausbildung, die euch auf das Berufsleben vorbereitet und euch den Anschein einer Bildung verleiht, auch in den alten Disziplinen geschult werden, welche die Instinkte zähmen, die Impulse unter Kontrolle bringen und einen festen Charakter bilden. Diese Dinge sind für euch selbst wichtig und erst recht für die Rolle, die Indien zu spielen hat.

Das Training, das zur Beherrschung der Sinne führt und „shikshana" genannt wird, ist ein Prozeß, bei dem Lehrer und Schüler zusammenarbeiten. Es muß für beide eine angenehme Erfahrung sein, ein nützliches und ermutigendes Bestreben. „Kshana" bedeutet „Augenblick" und ich möchte, daß ihr in jedem Augenblick eurer Schulzeit eine wertvolle Lektion lernt. Zum Beispiel: Wenn der Lehrer in die Klasse kommt, müssen die Kinder ihn begrüßen. Das ist eine Lektion in Bescheidenheit, in Respekt vor dem Alter, vor der Gelehrsamkeit und ein Zeichen der Dankbarkeit für erwiesene Dienste. Der Lehrer sollte sich seinerseits der Begrüßung der Kinder, die in seine Obhut gegeben werden, durch ernsthafte Arbeit und selbstloses Dienen würdig erweisen. Der Respekt des Schülers gegenüber dem Lehrer sollte nicht auf Furcht, sondern auf Liebe gegründet sein. Der Lehrer darf keine Methoden anwenden, welche die Kinder in Furcht und Schrecken versetzen. Erziehung ist ein langsamer Prozeß, wie das Erblühen einer Blume; der Duft wird immer stärker, wenn die Blütenblätter sich langsam, eines nach dem anderen, zur vollen Blume entfalten. Dieser Vorgang wird gefördert, wenn der Lehrer ein gutes Vorbild ist und die Weisheit besitzt, zwischen dem Wirklichen und Unwirklichen zu unterscheiden; wenn er bescheiden, diszipliniert und scharfsinnig ist und nicht denselben Stoff wieder und wieder durchnimmt und nur für die Prüfungen einpaukt. Nicht Vorschrift, sondern Vorbild ist die beste Lehrmethode.

Die Bedeutung eines guten Charakters muß hier besonders betont werden, denn dies ist eine Schule für Mädchen. Bescheidenheit und Gottesfurcht sind der wahre Schmuck der Frauen. Die Frauen bewahren die traditionellen Werte unserer Kultur und erhalten das Gleichgewicht in der Nation. Wenn sie versagen, führt das zum Niedergang, glaubt mir! Der Lehrplan und alle erzieherischen Maßnahmen müssen die Charakterbildung der Schülerinnen zum Ziel haben. Die Schülerinnen müssen das Geheimnis eines glücklichen Lebens und das Glück der Zusammenarbeit mit anderen Gliedern der Gemeinde kennenlernen. Es gibt Pflichten, die man gegenüber sich selbst, der Familie und der Gesellschaft intelligent und freudig zu erfüllen hat. Nur dann kann das Leben harmonisch sein und Früchte tragen. Ich erkläre hiermit, daß diese Aufgabe der Erneuerung des Schulsystems ein Teil meiner Mission ist. In Kürze werde ich jene maßregeln, die sich nur darauf beschränken, laut und lang über den Wiederaufbau und die Erhaltung der spirituellen Werte zu reden.

Mädchen sind die zukünftigen Hausfrauen unseres Landes. Diese Schule bietet eine Grundausbildung und ist deshalb wichtig für eure Stadt. Frauen werden in diesem Land als das Glück des Heims, als Gefährtin auf der Pilgerfahrt zu Gott und zur Selbstverwirklichung und als Herrin des Hauses geachtet. Wenn die Frauen eines Landes glücklich, gesund und tugendsam sind, dann werden die Männer des Landes mutig, ehrlich und glücklich sein. *Tyāgarāja* beschreibt in seinen Liedern, wie selbst die stärksten Helden von den Wünschen der Frau bewegt werden. Die Frau spielt bei der Unterstützung der Moral im persönlichen und gesellschaftlichen Bereich eine entscheidende Rolle. Deshalb bin ich dafür, die Mädchen nicht zu sehr mit dem Studium geographischer Einzelheiten in Amerika, Australien und Deutschland zu belasten. Es ist mir lieber, daß sie die Technik des inneren Gleichgewichts und sozialer Harmonie, des Dienstes am Nächsten und häuslicher Zufriedenheit beherrschen. Entwickelt in ihnen die Furcht vor Unehrlichkeit, vor dem Abgleiten in moralische Fehltritte; das ist sogar wichtiger als Gottesfurcht. Lehrt sie auch die Freude, die der Dienst an den Notleidenden bereiten kann; Dienst ohne den Gedanken an die Vorteile, welche die eigene Hilfeleistung bringen könnte. Lehrt sie, den Egoismus aufzugeben, der selbst die guten Werke vieler vergiftet, die umhergehen und sich als Gründer oder Förderer von Hilfswerken für die Armen und Krüppel rühmen. Die Freude des Dienens liegt im Tun selbst. Die Frucht des Dienens sollte die Beseitigung des Egoismus und nicht dessen Anwachsen sein.

Die Schülerinnen dieser Schule werden später die wunderbare und verantwortungsvolle Rolle von Müttern übernehmen. Die Lehrerinnen an Mädchenschulen haben die große und wichtige Aufgabe vor sich, die zukünftige Geschichte dieses Landes zu formen. Die Mutter ist der Pfeiler des Heims, der Gesellschaft, der Nation und damit der Menschheit. Mütter sollten das Geheimnis des größten Reichtums kennen, der aus innerem Frieden, Zufriedenheit und Mut besteht. Sie sollten wissen, daß spirituelle Disziplin unvergängliche Freude zur Folge hat.

Die Mutter muß die Kinder den Wert der Rezitation des Namens Gottes *(nāmasmarana)* sowie körperlicher und geistiger Reinheit lehren. Sie sollte wie die Mutter sein, von der *Vivekānanda* in einer Geschichte erzählt, daß sie ihrem Sohn riet, *Krishna* anzurufen, während er allein und unbeschützt durch den Wald zur Schule geht.

Vater und Mutter müssen zu Hause den Unterricht ergänzen, den der Lehrer in der Schule gibt. Sie müssen sich mit den Lehren vertraut machen, die das Kind in der Schule erhält, und zusehen, daß ihr Verhalten und ihre Ratschläge nicht im Widerspruch zu dem stehen, was das Kind von seinem verehrten Lehrer lernt.

Lehrer und Eltern müssen dafür sorgen, daß die Kinder während ihrer Lehrjahre bestimmte Gewohnheiten und Haltungen annehmen. Sie müssen in der Stille überlegen und in Ruhe über das nachdenken, was sie gelesen haben. Das ist eine sehr gute Übung für die intellektuelle Entwicklung und die Erlangung geistigen Friedens. Der Instinkt, sich zu zanken und über alle Mißverständnisse zu streiten, muß in Schranken gehalten und vergeistigt werden. Kinder dürfen weder Gefallen daran finden, anderen Leid zuzufügen, noch sollten sie selbst körperlichen Schmerz erdulden oder in Angst versetzt werden. Sie müssen Verantwortungsgefühl bekommen und wenigstens ihre Bücher gut erhalten. Sie dürfen nicht die Lust verspüren, mit ihren Kleidern, ihrem Schmuck und sonstigen Beweisen von Wohlstand vor den ärmeren Kindern in der Schule anzugeben. Man muß sie persönliche Reinlichkeit lehren und, was am wichtigsten ist, die Gewohnheit, täglich zu bestimmten Zeiten zu beten. Sie sollten ermutigt werden, regelmäßig um 9 Uhr abends zu Bett zu gehen und um 5 Uhr morgens aufzustehen. Sie sollten dazu bewegt werden, nachdem sie sich gewaschen und die Zähne geputzt haben, zu beten oder sogar zu meditieren. Bildet euch nicht ein, daß es noch Zeit genug ist, sich später im Leben oder vielleicht im Alter mit dem Beten zu befassen. Jetzt ist die Zeit, um die Grundlage für gute Gewohnheiten zu schaffen. Auch in der

Schule muß die Tagesarbeit mit einem Gebet beginnen. Diese fünf Minuten müssen von allen sehr ernst genommen und nicht lediglich als Formalität oder leere Gewohnheit behandelt werden, wie es in den meisten Schulen heute der Fall ist. Das geringste Anzeichen von Nachlässigkeit der Schule bei der täglichen Andacht wird sich den Kindern einprägen, und sie werden den Schwindel schnell durchschauen. Behandelt also das Gebet als die wirkliche Grundlage des Schulsystems. Wenn die Schulglocke das letzte Mal läutet, laßt die Schüler aufstehen und eine Stille von ein bis zwei Minuten einhalten, bevor ihr sie entlaßt. Nichts ist so gut wie Stille, um die Wogen der Unruhe, die das Herz erfüllen, zu glätten. Die Lehrer müssen den Kindern inspirierende Geschichten von Heiligen und Helden erzählen und Liebe für spirituelle Literatur in ihre Herzen pflanzen. Wenn diese Schule sich an solche Grundsätze hält, dann ist das Geld, das so großzügig gespendet wurde, gut angelegt, und ich bin sicher, daß die Schule sich in kurzer Zeit zu einer sehr nützlichen Institution entwikkeln wird.

Venkatagiri Town, 9.9.1958

Vier Charaktereigenschaften

Ich stelle fest, daß ihr lediglich die Anwesenheit von Sathya Sai Baba bei dieser Konferenz erwähnt habt, nicht aber, daß ich zu euch sprechen würde, und so könnte ich ja eigentlich schweigen. Aber ich brauche keine Formalität oder Ankündigung. Ich gehöre euch, ihr gehört mir. Ich erwarte nicht einmal eine Einladung. Unsere Beziehung ist nicht äußerlich, sondern reicht bis tief in das Reich des Geistes. Ich bin bei euch und in euch, deshalb brauche ich weder willkommen geheißen noch zum Reden aufgefordert zu werden.

Die „Divine Life Society“ unternimmt es, den Menschen daran zu erinnern, daß Göttlichkeit seine wahre Realität ist. Das Göttliche ist angeboren und wohnt in jedem Lebewesen. Der Prozeß, den Menschen an diese Tatsache zu erinnern, begann schon am Anfang der menschlichen Geschichte. Um den Menschen zu einem göttlichen Leben zu führen, muß nur der Nebel entfernt werden, der diese Tatsache verhüllt. Er verursacht die Einbildung, etwas anderes zu sein, etwas Geringes, Dahinschwindendes, Materielles, Vorübergehendes. Alle sind heilig, rein und Teil der Ewigkeit. Aber diese Eigenschaften leuchten in jedem nur mit der Stärke, die der Intensität seiner spirituellen Anstrengungen entspricht, so wie die Leuchtkraft der Glühbirnen durch die Wattstärke bestimmt wird. Es gibt nichts, das nicht durch das Göttlich-Absolute erhalten wird, keinen Namen, der nicht auf das Universale hinweist. Alle Dinge sind von dem göttlichen Prinzip durchdrungen; alle Namen sind Attribute seiner Herrlichkeit.

Jeder, der dieser grundlegenden Tatsache gemäß lebt und die Sehnsucht nach Unsterblichkeit, die tief im Menschen verwurzelt ist, nährt, muß dieser Gesellschaft beitreten können. Der Schriftführer, der den Bericht verlas, sagte uns, daß alle die Mitglieder werden können, die einen monatlichen Beitrag von vier Annas bezahlen. Ich schlage vor, daß stattdessen alle jene Mitgliedschaft erwerben können, deren Beitrag vier gute Eigenschaften sind. Sie müssen wahrhaftig, rechtschaffen, friedfertig und voll selbstloser Liebe sein, um als Mitglieder in Frage zu kommen. Besteht auf guten Eigenschaften, nicht auf Geld.

Der Mensch versucht, sein Glück in der Befriedigung seiner Wünsche zu finden. Wenn ein Wunsch erfüllt ist, empfindet er Freude, wenn nicht, ist er traurig. Das Schlimme ist, daß Wünsche wie ein wildes Feuer brennen und mehr und mehr Brennstoff benötigen. Ein Wunsch führt zu zehn weiteren, und der Mensch erschöpft sich in dem Versuch, den Forderungen der Wünsche nachzukommen. Er muß von dem Pfad niemals endender Wünsche auf den Pfad innerer Zufriedenheit und Freude zurückgeführt werden. Das ist die Aufgabe der „Divine Life Society".

Der Mensch leidet, weil er eine Bindung an das Unwirkliche entwickelt hat. Er hängt übermäßig an seinem Vermögen, ist jedoch bereit, alles für das Leben seiner Kinder zu opfern. Die Bindung an seine Kinder ist stärker als die an das Vermögen, das er erworben hat. Doch er erniedrigt sich, seine Kinder zu vernachlässigen, wenn er zwischen seinem eigenen Überleben und der Wohlfahrt seiner Kinder zu wählen hat. Nur wenn er sich seiner eigenen Wirklichkeit *(ātman)*, der Quelle aller inneren Freude, bewußt ist, erfährt er unbegrenzte, unvergängliche Glückseligkeit. Das ist wirkliche Freude.

Die Apfelsine hat eine Schale, die nicht schmackhaft ist, aber die

Frucht schützt und frisch erhält. Man muß die Schale entfernen, wenn man die Süße kosten will. Ebenso ist die Frucht des Lebensbaumes durch eine bittere Schale geschützt. Der weise Mensch wird natürlich nicht versuchen, diese zu essen. Er weiß, wozu die bittere Schale da ist, entfernt sie und kostet dann die Süße der Frucht.

Die Älteren müssen mit ihrem Unterscheidungsvermögen und ihrem Losgelöstsein von allen Bindungen denen, die diese Weisheit so nötig brauchen, ein Beispiel geben. Wie kann die jüngere Generation für ihre Selbstsucht und Habgier getadelt werden, wenn die Älteren mit fieberhaftem Wahn weltlichen Vergnügungen nachjagen? Die Erwachsenen müssen praktizieren, was sie predigen und beweisen, daß eine spirituelle Lebensführung innere Freude, Ausgeglichenheit, Zufriedenheit und wahres Glück verleiht. Sie müssen jeden Tag eine gewisse Zeit mit der Rezitation des Namens Gottes und mit Meditation verbringen, dann wird die Atmosphäre die Kinder beeinflussen, und auch sie werden die Möglichkeit haben, inneren Frieden zu finden. Ihr sagt, nichts sei so süß wie der Name des Herrn, aber ihr habt nicht die Gewohnheit, ihn zu rezitieren! Ihr habt die Straße durch Vernachlässigung und mutwillige Zerstörung ruiniert, aber ihr ratet euren Kindern, auf ihr zu gehen. Sie werden den Schwindel erkennen und von euch fordern, daß ihr selbst auf ihr gehen müßt, um sie führen zu können. Die Verantwortung der Mitglieder der „Divine Life Society“ ist sehr groß. Tatsächlich hat jeder, der über ein Ideal Reden hält, eine große Verantwortung, denn er muß selbst das zu erreichen suchen, was er anderen als Ziel anzunehmen empfiehlt. Darum ist auch die Verantwortung eines Inders so groß. In diesem Land wurden Heilige und Weise geboren, die der Welt die höchsten Wahrheiten, die spirituellen Fortschritt bringen, verkündet haben. Jeder, der behauptet, Inder zu sein, muß das, was diese Weisen gelehrt haben, in seinem Leben verwirklichen, um sich seiner Ahnen und der Bewunderung spiritueller Menschen aus aller Welt würdig zu erweisen.

Ein gottgeführtes Leben beruht auf selbstlosen, reinen Eigenschaften, die gepflegt werden müssen. Das erfordert eine reine Ernährung, welche Gesundheit, Kraft, Leichtigkeit des Geistes und aufrichtiges Verhalten mit sich bringt. Es ist nicht möglich, in den Unterernährten und Schwachen die Sehnsucht nach einem spirituellen Leben zu erwecken. Gebt ihnen erst Nahrung für den Körper, damit sie kräftig genug werden, um einen festen Glauben bekommen und sich an höhere Ideale halten zu können. Zuerst muß der physische Hunger mit einer einfachen, reinen Kost gestillt werden.

Dann versucht, den Namen des Herrn zu wiederholen. Gebraucht den Namen nicht leichtfertig, zollt ihm Respekt, selbst wenn ihr ihn von den Lippen eines Bettlers hört, der ihn nur benutzt, um ein Almosen zu bekommen. Auch wenn der Mensch, welcher den Namen Gottes äußert, böse und sein Motiv schlecht sein sollte, dürft ihr das nicht verurteilen. Die Reinheit des Namens Gottes kann niemals befleckt werden. Dankt ihm dafür, daß er euch an den Namen des Herrn erinnert hat, und geht eures Weges. Vor allen Dingen, lacht die, welche den Herrn anrufen, nicht aus und entmutigt sie nicht. Was berechtigt euch, ihre Freude in Niedergeschlagenheit und ihren Glauben in Zweifel zu verwandeln? Füllt eure Herzen mit Liebe *(prema)*; verbreitet sie um euch, dann werden all der Haß und die Eifersucht, die es heutzutage gibt, verschwinden. Das ist die Pflicht der „Divine Life Society" hier und überall.

Arkonam, 14.12.1958

Erziehung zur inneren Ausgeglichenheit

Der Gouverneur, Dr. Rāmakrishna Rao, hat gerade so bewegend über die dringende Notwendigkeit gesprochen, spirituelle Werte zu pflegen. Wenn wirtschaftlicher Fortschritt ohne spirituelle Grundlage angestrebt wird, dann werden Egoismus, Konkurrenz und Habsucht der Gesellschaft Schaden zufügen. Hier in Trivandrum wird diese spirituelle Grundlage nicht vergessen. Der Tempel von Padmanābha dominiert die Stadt ebenso wie das tägliche Leben der Menschen, und zwar nicht nur hier, sondern im ganzen Staat. Kerala selbst ist heiliges Land, und seine Heiligkeit wurde noch durch das Erscheinen *Shankaras* und seiner Lehren verstärkt.

Auf meinem Weg von Coimbatore hierher zur Hauptstadt habe ich die Schönheit des Landes bewundert. Die Stauseen und Kokospalmenhaine, welche die Landschaft bilden, erstrecken sich von einem Ende des Staates zum anderen wie das gewaltige Gemälde eines großen Künstlers auf einer riesigen Leinwand. Der Herr erfreut sich an diesen Dingen wie ein Maler. Er findet Gefallen an seinem Werk, wenn er vor seinem Gemälde oder seiner Skulptur steht. Um die Herrlichkeit Gottes in der lieblichen Szenerie um euch herum erkennen zu können, braucht ihr nicht das äußere, sondern das innere Auge. Wenn ihr das öffnet, wird jeder Gang durch das Land, jede Fahrt über das Wasser zu einer Pilgerreise durch heiliges Land, die euch in jeder kleinsten Wolke oder Grünfläche eine Gotteserfahrung vermittelt. Aber alle diese Schönheit muß den Menschen zur wahren Wirklichkeit führen und diese zu innerem Glück. Das ist der natürliche Weg. Die Schönheit der Schöpfung Gottes führt den Menschen zur Herrlichkeit Gottes. Wenn ihr das Gemälde gesehen habt, wollt ihr etwas über den Maler wissen. Wenn ihr die Wahrheit Gottes erkennt, wird seine Gnade euch Glückseligkeit verleihen. Es fiel mir auf, daß die Menschen hier sehr arbeitsam und fleißig sind. Von einem Ende des Staates bis zum anderen waren sie bei der Arbeit im Straßenbau, in den Geschäften und auf den Feldern, in den Gärten und beim Kanalbau. Und was allen, die mit mir reisten, auffiel, waren die vielen Kinder. Jungen und Mädchen eilten mit Cadjanblättern, Tafeln oder Büchertaschen auf dem Rücken zur Schule. Ich weiß, daß von ganz Indien hier die meisten Menschen leben, die des Lesens und Schreibens kundig sind. In jeder Familie gibt es eine Anzahl hochgebildeter Männer und Frauen. Trivandrum ist das Zentrum vieler ausgezeichneter Bildungsanstalten.

Trotz der langen Tradition spiritueller Siege, trotz der Kornspeicher spiritueller Lehren, der Aktivität und der Industrie, trotz allen Eifers, eine gute Ausbildung zu erhalten, finde ich hier großen Unfrieden. Es fehlt an innerem Frieden, obwohl man ihn hier in großem Maße erwarten könnte. Aber natürlich, das Sprichwort: „Ein alter Tiger hat noch seine Streifen“, ist wahr. Ich muß euch sagen, daß der Atem zwar noch da ist, aber daß die Kraft dieses uralten Verwahrungsortes spiritueller Weisheit, in dem einst das Geheimnis innerer Ausgeglichenheit und inneren Friedens gelehrt wurde, verschwunden ist. Grammophonplatten sind alle aus dem gleichen Material gemacht; ebenso sind alle Herzen von gleicher göttlicher Natur. Die Rillen in allen Grammophonplatten scheinen die gleichen zu sein. Die Rillen, die durch Freude und Leid in den Herzen entstanden, sind auch mehr oder weniger die gleichen. Es ist die Nadel, die in den Rillen läuft und durch Verstärker und Lautsprecher gute oder schlechte Musik produziert. Die Nadel ist das Gemüt, das beim Durchlaufen der Rillen reagiert, verstärkt und euch freudig oder traurig stimmt. Wenn die Nadel spitz ist, dann ist es ein Vergnügen, die Musik zu hören. Wenn sie stumpf oder abgebrochen ist, wird der Ton zu einer kreischenden Qual. Der Geist ist der Wind, der die Düfte der Welt zu uns bringt, die üblen sowie die wohlriechenden. Wenn der Geist *(mind)* sich dem Üblen zuwendet, seid ihr voll Abscheu, wendet er sich dem Angenehmen zu, macht euch das glücklich. Der Wind treibt die Wolken aus den vier Himmelsrichtungen zusammen. In ähnlicher Weise bringt der Geist die Enttäuschungen vieler Hoffnungen in euer Bewußtsein. Und es ist auch der Geist, der, ähnlich wie der Wind, die Wolken, die verdunkeln bzw. die euch ein Gefühl der Verlorenheit und des Zweifels bringen, zerstreuen kann. Beherrscht den Geist *(mind)*, und ihr bleibt unerschüttert. Das ist das Geheimnis des inneren Friedens *(shānti)*; das ist das Wissen, auf welches der Mensch Anspruch erheben darf und das er sich aneignen muß. Wir stellen heutzutage fest, daß derjenige, der hochgebildet ist, am unzufriedensten und unglücklichsten ist. Was für einen Gewinn hat ihm das Studieren von Büchern, von Menschen und Dingen gebracht? Um innere Ausgeglichenheit zu erwerben, braucht ihr nicht zu studieren, sondern ihr müßt systematisch spirituelle Übungen durchführen. Dadurch könnt ihr glücklich werden, ob ihr nun reich oder arm seid, geschätzt oder abgelehnt werdet, Erfolg oder Mißerfolg habt. Es wäre töricht, ohne den Panzer, den ihr dadurch bekommt, die Arena des Lebens zu betreten.

Wenn ihr diese Arena nur zu dem Zweck betretet, um weltliche Freuden zu erlangen, dann könnt ihr euch auf alle möglichen Unannehmlichkeiten gefaßt machen. Das wäre, als ob ihr in einem winzigen Boot ohne Ruder der stürmischen See ausgeliefert würdet. Schlagt deshalb sofort den Weg spiritueller Disziplin ein. Ihr habt alle eine große Konzentrationsfähigkeit. Ihr seid darin geübt, denn ihr wißt, wie nützlich sie bei jeder Arbeit ist. Der Zimmermann, der Weber, der Angestellte, der Schiffer, alle brauchen eine gewisse Konzentration. Benutzt sie auch für diese Aufgabe; erzieht euer Denken dazu, seine Arbeit zu tun. Untersucht euch und bringt euch dazu, guten Umgang zu pflegen und euch auf gute Gedanken und gute Taten zu beschränken. Meditiert über die Form Gottes eurer Wahl, und erfahrt seine Herrlichkeit durch die Wiederholung seines Namens. Diese Übungen schärfen den Geist, so daß er positiv auf die Freuden und Leiden, die das Leben bringt, reagiert.

So wie das Grundwasser in der Erde, so ist das Göttliche in jedem verborgen, denkt daran! Der Herr ist die göttliche Seele *(ātman)* in jedem Wesen. Er ist in euch und in allen anderen. Er bevorzugt nicht die Reichen oder die Dicken; sein Licht erhellt die Herzen aller. Die Sonne scheint auf alle in gleichem Maße, und ebenso fällt Gottes Gnade auf alle in gleichem Maße. Ihr selbst errichtet die Hindernisse, welche die Gnade Gottes daran hindern, euch zu wärmen. Gebt dem Herrn nicht die Schuld für eure Unwissenheit, Torheit und Schlechtigkeit. Ebenso wie das Grundwasser plötzlich emporquillt, wenn der Bohrer in die Tiefe dringt, so wird die Quelle des Göttlichen durch dauernde Wiederholung des Namens des Herrn erreicht, und eines Tages wird sie in kühler Fülle emporquellen und euch ewige Freude bringen.

Das Leben ist eine Pilgerreise zu Gott; der heilige Ort ist dort - in der Ferne! Die Straße liegt vor euch, aber wenn ihr den ersten Schritt und alle folgenden Schritte nicht tut, wie könnt ihr ihn erreichen? Beginnt den Weg mit Mut, Glauben, Freude und Beständigkeit, dann werdet ihr erfolgreich sein. Geist *(mind)* und Unterscheidungskraft sind wie zwei Ochsen, die vor den Wagen gespannt sind; sie machen den „inneren Menschen" aus. Die Ochsen sind die Straße der Wahrheit, der Rechtschaffenheit, des Friedens und der Liebe nicht gewohnt. Deshalb ziehen sie den Wagen durch die Straße, die ihnen bekannt ist, nämlich durch Unehrlichkeit, Ungerechtigkeit, Bedrücktheit und Haß. Ihr müßt sie dazu erziehen, auf der besseren Straße zu gehen, damit weder ihnen noch dem Wagen und dem Mann, der darin sitzt, Unheil widerfährt.

Ihr erfreut euch am Spiel und Geplapper eures Kindes, aber wenn es euch bei der Arbeit stört oder mit euch spielen will, während ihr anderweitig beschäftigt seid, dann werdet ihr ärgerlich. Das Kind ist sowohl die Quelle der Freude als die des Ärgers. Nichts bringt euch ungetrübte Freude; und selbst wenn es so wäre: wenn ihr das, was euch lieb ist, verliert, bringt es euch Kummer. Das liegt in der Natur der Dinge. Versucht also den Urheber von Freud und Leid, nämlich den Geist *(mind)*, zu beherrschen und dazu zu erziehen, die wahre Natur der materiellen Welt, die abwechselnd anzieht und abstößt, zu erkennen. Das ist das wirkliche Ziel jeder Erziehung.

Trivandrum, 20.12.1958

Der Einfluß des Mondes auf den Geist

Es gibt viele verschiedene Geschichten, die den Ursprung des *Shivarātri*-Festes erklären. Einige von ihnen wurden eben von den Vorrednern erzählt. Eine andere Geschichte berichtet, daß dies der Tag ist, an dem *Shiva* in Ekstase seinen kosmischen Reigen tanzt, und daß alle Götter und Weisen an diesem kosmischen Ereignis teilnehmen. Als er das Hālāhala-Gift, das dem Meer aus Milch entströmte, als Antwort auf die Gebete der Welten, die es zu zerstören drohte, verschlang, waren die Hitze und Dämpfe selbst für *Shiva* fast unerträglich. Es wird gesagt, daß der Ganges sich ununterbrochen in seine Locken ergoß, doch daß ihm das nur teilweise Erleichterung brachte. (Das ist die Erklärung für das Baden und Salben der *Shiva*-Statuen, das „abhisheka" genannt wird und das in *Shiva*-Tempeln stundenlang, an manchen Orten sogar ununterbrochen, durchgeführt wird.) So wurde ihm zusätzlich zu den Fluten des Ganges noch der kühle Mond auf seine Locken gesetzt, und das war ihm eine große Erleichterung. Danach tanzte *Shiva* den kosmischen Reigen mit allen Göttern. Das ist die Geschichte. Aber das alles geschah nicht an einem bestimmten Tag, und so kann nicht gesagt werden, daß man dieses Tages gedenkt. Manche sagen, daß *Shiva* an diesem Tag geboren wurde; als ob *Shiva* Geburt und Tod erführe wie ein Sterblicher! Die Geschichte, derzufolge ein Jäger auf einem Bilvabaum saß, um nach Tieren Ausschau zu halten, die er töten könnte, und der dabei ohne die Absicht der Anbetung einige Bilvablätter auf ein *„linga"* unter sich fallen ließ und dadurch Erlösung erfuhr, erklärt nur die Wichtigkeit dieses Tages, nicht aber dessen Ursprung! Außerdem gibt es nicht nur dieses jährliche *Mahāshivarātri*-Fest, sondern jeder Monat hat eine Nacht, die dem *Shiva*-Gottesdienst geweiht ist. Und hier ist wiederum die Frage, was ist die Bedeutung dieser Nacht?

Nun, die Nacht wird vom Mond beherrscht. Der Mond besteht aus sechzehn Teilen. An jedem Tag, an dem der Mond abnimmt, wird er um einen Teil verkleinert, bis er in der Neumondnacht verschwunden ist. Danach wird jeden Tag ein Teil hinzugefügt, bis er in der Vollmondnacht wieder vollkommen zu sehen ist. Der Mond ist die Gottheit, die den Geist *(mind)* beherrscht. In den *Veden* heißt es: „Der Mond wurde aus dem Geist Gottes geboren". Es besteht eine enge Beziehung zwischen dem Geist und dem Mond. Der abnehmende Mond ist symbolisch für das Abnehmen des Einflusses des Geistes. Der Geist muß beherrscht, sein Einfluß vermindert und schließlich aufgehoben werden. Alle geistigen Übungen sind auf dieses Ziel ausgerichtet. Die Herrschaft des Geistes muß besiegt werden, so daß der Schleier der Illusion auseinandergerissen und die Wirklichkeit offenbart werden kann. Während der dunklen Hälfte des Monats wird der Mond und symbolisch sein Gegenstück im Menschen, der Geist *(mind)*, abnehmen und um einen Teil vermindert. Seine Macht wird geringer, und schließlich ist in der vierzehnten Nacht nur noch ein kleiner Rest übrig - das ist alles. Mit einer besonderen Anstrengung von Seiten des Gläubigen kann selbst dieser Rest noch aufgelöst werden. Die vierzehnte Nacht der dunklen Hälfte des Monats wird darum „die Nacht *Shivas*", *Shivarātri*, genannt. Diese Nacht sollte mit Rezitation des Namens Gottes und mit Meditation über Gott *(Shiva)* ohne Ablenkung durch andere Gedanken, Essen oder Schlaf verbracht werden. Dann ist der Erfolg gewiß. Einmal im Jahr, in der *Mahāshivarātri*-Nacht, ist eine besondere spirituelle Anstrengung angeraten, damit durch das Ausschalten des Geistes zu göttlichem Sein erweckt werden kann, was jetzt tot ist. Das ist der Zweck der „Nacht *Shivas*", *Shivarātri*, und es ist töricht, zu glauben, daß „wachbleiben" das Wichtigste dabei sei. Es gibt Leute, welche die ganze Nacht beim Kartenspiel oder im Kino verbringen, um sich wachzuhalten. Das ist nicht die Nachtwache, die an *Shivarātri* gehalten werden soll. Das ist ein Zerrbild des Gelübdes der „Schlaflosigkeit", welches euch erniedrigt und zur Faulheit, Schlechtigkeit und Heuchelei ermutigt. In dieser Nacht muß der Geist *(mind)* ganz aufgelöst werden. Das Symbol der Schöpfung, genannt *„linga"*, stellt das dar, worin sich diese materielle Welt *(jagat)* auflöst. Betrachtet es! Die dreigeteilte Basis stellt die drei Grundeigenschaften *(guna)* dar, über denen sich das Symbol als Ziel des Lebens erhebt. Es repräsentiert die Schöpfung, die durch das Wirken der drei Grundeigenschaften entsteht und von dem Göttlich-Absoluten durchdrungen ist, welches ihr Bedeutung und Wert verleiht. Wenn ihr dieses *„linga"* verehrt, tut das im Glauben an diese symbolische Bedeutung.

Alle Worte und Formen, die in den *Veden* benutzt werden, haben symbolische Bedeutungen, die ihnen Wert verleihen. Das Wort „prapanca", das ihr so frei benutzt, um diese manifestierte Welt zu bezeichnen, bedeutet „das, was aus Erde, Feuer, Wasser, Luft und Äther zusammengesetzt ist". Betrachtet das Wort „hridaya", das für „Herz" benutzt wird. Es besteht aus „hridi" - im Herzen und „ayam" - er. Damit ist also nicht das organische Herz, das Blut in alle Teile des Körpers pumpt, gemeint, sondern der Sitz Gottes, der heilige Altar *Shivas*, die Nische, in der das Licht der Weisheit entzündet wird. *Shiva* reitet auch nicht wirklich auf einem Tier, das in menschlicher Sprache „Bulle" genannt wird! Der Bulle ist nur ein Symbol der göttlichen Ordnung, die auf den vier „Beinen" der Wahrheit, der Rechtschaffenheit, des Friedens und der Liebe steht. Die „drei Augen" *Shivas* sind die Augen, die Vergangenheit, Gegenwart und Zukunft enthüllen. Nur *Shiva* hat diese „drei Augen". Der aus Elefantenhaut gefertigte Mantel *Shivas* ist nur ein Symbol für die primitiven, tierischen Eigenschaften, die seine Gnade vernichtet. Er macht sie machtlos und unschädlich, indem er sie „in Stücke reißt", so daß sie unwirksam werden. Seine vier Gesichter zeigen ihn als den Friedenbringenden, Furchterregenden, Glückverheißenden und Beharrlichkeitfordernden. Haltet euch die vielen Aspekte *Shivas* vor Augen, wenn ihr das Symbol seiner Schöpfung *(linga)* anbetet. Meditiert über *Shiva* auf diese Weise, so daß ihr von den letzten Spuren der Täuschung befreit werdet.

So wie *„OM"* das verbale Symbol Gottes ist, so ist das *„linga"* die symbolische Form der Gottheit. Es ist nur eine Form. Alles sind nur Erscheinungsformen *(māyā)*. Um die Zusammenhänge zu erkennen, müßt ihr mit diesen Erscheinungsformen spielen. Ihr könnt sonst das Wesen dieser Täuschung *(māyā)* nicht erkennen. Gott wohnt dem Universum inne wie das Leben dem Ei. Das Küken füllt das ganze Ei aus, ebenso wie Gott die ganze Welt ausfüllt. Ich ziehe die Beschreibung: „Alles ist in Ihm" der Beschreibung: „Er ist in allem" vor. Ihr alle seid in dieser Halle, aber diese Halle ist nicht in euch allen; nicht wahr? Ebenso ist es besser zu sagen: „Alle sind in Ihm", anstatt: „Er ist in allen". Es ist die Täuschung der Erscheinungsformen *(māyā)*, die den Menschen bindet und begrenzt. Alle spirituellen Übungen sind dazu bestimmt, sie zu überwinden. Ein Stück Eisen sinkt im Wasser, aber wenn es bearbeitet und hohl gemacht wird, kann es schwimmen. So bearbeitet euren Geist und macht ihn hohl, dann wird er auf dem Meer des Lebens schwimmen. Vor allen Dingen gebraucht euer Unterscheidungsvermögen *(viveka)*, und laßt euch nicht zu falschen Schritten verleiten. Ihr braucht keine Zeit zu vergeuden, mich oder mein Wesen zu ergründen. Bemüht euch zu verstehen, was ich lehre und nicht „wer ist der Lehrer", denn ich bin jenseits der Grenzen eures Verstandes. Ihr könnt mich nur durch mein Werk verstehen. Um euch zu offenbaren, wer ich bin, zeige ich euch manchmal meine „Visitenkarte", etwas, das ihr als „Wunder" bezeichnet. Wißt, daß es ein Geheimnis ist, und erfüllt die Pflichten, die ich euch zuweise.

In den nächsten 15 Jahren werden eine Anzahl der jungen Leute, die nun heranwachsen, zu Vorbildern auf spirituellem Gebiet werden. Sie wissen, daß sie alle unvergänglich, wirklich und heilig, daß sie Kinder der Unsterblichkeit sind. Sie nehmen zu an Weisheit, werden frei von Bindungen und durch die Rezitation des Namens Gottes geläutert. Es gibt Erwachsene, die über solche Jugendliche lachen. Würden sie es lieber sehen, wenn diese sich in den Straßen herumtreiben, rauchen, fluchen und unanständige Plakate betrachten? Die Erwachsenen sollten sich freuen, daß ihre Kinder sich auf dem königlichen Pfad echter Freude und Zufriedenheit befinden und dadurch sich selbst und der Welt einen großen Dienst erweisen. Da ihr selbst kein Schmuckstück aus eurem Gold herstellen könnt, beauftragt ihr damit einen Goldschmied. Es beunruhigt euch doch nicht, wenn dieser das Gold schmilzt, schlägt, zieht, zerrt und graviert? Laßt Ihn, der die Kunst des Formens beherrscht, das Kind in ein Schmuckstück der Gesellschaft verwandeln, und macht euch keine Sorgen.

Ihr müßt von Tag zu Tag nicht nur körperlich, sondern auch spirituell an Größe zunehmen. Wie lange wollt ihr in der Grundschule bleiben und die Buchstaben des Alphabetes schreiben? Erhebt euch, fordert ein Examen, besteht es und geht in die nächsthöhere Klasse!

Ihr sitzt jetzt hier unten in der Halle. Eignet euch die Fähigkeiten an, die euch dazu berechtigen, auch die oberen Räume zu sehen. Macht Fortschritte! Dann wird *Shivarātri* zu einer „Nacht des Segens" für euch. Andernfalls ist sie nichts weiter als eine weitere verschwendete Nacht.

Viele Leute mögen euch entmutigen und sagen, daß es später im Leben auch noch Zeit dazu sei, zu meditieren und zu beten. Als ob das ein Vorrecht oder eine besondere Strafe für jene im fortgeschrittenen Alter sei! Ihre Einstellung scheint zu sein: Genießt diese Welt, solange ihr könnt, und denkt erst dann an die nächste. Das Kind versucht seine ersten Schritte in der Sicherheit des Hauses. Es wankt herum, bis seine Schritte fest werden und es sich im Gleichgewicht halten und alleine ohne Angst herumrennen kann. Dann erst wagt es sich auf die Straße und in die weite Welt, die dahinter liegt. Ebenso muß jeder Mensch zuerst seine innere Welt meistern und unzugänglich für Versuchungen werden. Er sollte lernen, seinen Geist im Gleichgewicht zu halten und nicht von einer Seite zur anderen zu schwanken. Wenn er das Unterscheidungsvermögen gemeistert hat, kann er sich getrost und ohne die Gefahr, an seinem Charakter Schaden zu nehmen, draußen in der Welt bewegen. Darum wird in dieser besonderen Nacht eine „Nachtwache" empfohlen. Ihr könnt nicht behaupten, gebildet oder erwachsen zu sein, es sei denn, ihr habt die Wissenschaft der Selbstbeherrschung gemeistert und den Urgrund aller Täuschung vernichtet. Ihr solltet nicht nur diese Nacht in Gedanken an *Shiva* verbringen; euer ganzes Leben sollte im ständigen Bewußtsein der Gegenwart des Herrn gelebt werden.

Ihr könnt mir nicht erzählen, daß ihr das wahre Glück nicht sucht, sondern daß ihr mit der Täuschung zufrieden seid und nicht gewillt, euch der Disziplin einer Nachtwache zu unterziehen. Glaubt mir, daß euer innerstes Wesen dieses stumpfe, langweilige Einerlei von Essen, Trinken und Schlafen satt hat. Es sucht nach dem, was es glaubt verloren zu haben, nach innerer Zufriedenheit. Es sucht Befreiung von der Bindung an das Belanglose und Vergängliche. Jedermann verlangt danach im tiefsten Innern seines Herzens. Man kann es nur auf eine Weise erlangen - durch Kontemplation über das höchste Selbst, welches die Grundlage aller dieser Erscheinungsformen ist.

Wie hoch ein Vogel auch fliegen mag, früher oder später muß er sich auf einem Baumwipfel niederlassen, um sich auszuruhen. Ebenso wird der Tag kommen, an dem selbst die hochmütigsten, eigensinnigsten und ungläubigsten Menschen und sogar jene, die behaupten, daß man in der Kontemplation über das höchste Selbst weder Freude noch Frieden erfahren könne, beten werden: „Gott, gewähre mir Frieden, gewähre mir Trost, Kraft und Freude."

Prashanti Nilayam, Mahāshivarātri, 7.2.1959

Weder Schriftgelehrte noch Intellektuelle

Varanasi Subrahmanya Shastri hat ausführlich über die Anhänger der zwei Denkungsarten gesprochen, die es heute gibt, nämlich die der Schriftgelehrten und die der Intellektuellen. Er sagte, daß die Schriftgelehrten die Weisheit der alten heiligen Schriften, so wie sie geschrieben steht, als authentisch und allein glaubwürdig ansehen und daß die Intellektuellen dem Weg des Verstandes folgen und nur das als allein glaubwürdig ansehen, was ihr logisches Denken befriedigt. Natürlich zeigte er anhand einer Reihe von Beispielen die Fehler der letzteren Gruppe auf, indem er die Irrtümer der Intellektuellen bloßstellte. Er zitierte im Überfluß Texte aus den heiligen Schriften, und seine Rede war gelehrt und schwer verständlich. Ich glaube, daß das meiste für euch unverständlich war und ihr deshalb nicht mitbekommen habt, um was es eigentlich ging.

Der Intellekt ergeht sich in Diskussionen und Streitgesprächen. Wenn ihr der Versuchung der Dialektik nachgegeben habt, dauert es eine lange Zeit, bis ihr euch von ihren Fesseln befreien und euch der Glückseligkeit erfreuen könnt, die ihr empfindet, wenn ihr den Intellekt hinter euch laßt. Ihr müßt euch immer der Begrenztheit des Verstandes bewußt sein. Dem Streitgespräch muß das Schweigen, der Analyse die Synthese folgen. Der Intellekt kann euch auf dem Weg zu Gott nur eine kurze Strecke behilflich sein; der Rest wird durch Intuition erleuchtet. Eure Gemütsbewegungen verwirren selbst euren Denkprozeß, und der Verstand verwandelt sich in einen ungezähmten Bullen. Sehr oft ist es Egoismus, der seine Ausbrüche ermutigt und rechtfertigt, denn ihr werdet von eurem eigenen Verstand auf den falschen Weg geführt, wenn das der Weg ist, der euch gefällt. Sehr oft kommt ihr dann zu der Schlußfolgerung, zu der ihr kommen wollt! Wenn ihr nicht aufpaßt, besteht die Gefahr, daß ihr, selbst während der Denkprozeß vor sich geht, nur dem Gedankengang folgt, den ihr euch selbst vorgezeichnet habt. Der Verstand kann wie der Bulle nur durch Disziplin, durch systematische Anwendung des Jochs, des Nasenrings und der Peitsche gezähmt werden. Das bedeutet, durch Mittel wie Mitgefühl, Gleichmut, Tugend und Geduld. Erzieht ihn zuerst dazu, kurze Strecken ruhig auf der Straße entlang zu laufen, bis ihr seiner Fügsamkeit gewiß seid, und nehmt ihn erst dann mit euch auf der kurvenreichen Straße der sechsfachen Versuchungen der Lust, des Zornes, der Gier, der Täuschung, des Stolzes und der Eifersucht. Durch die Gnade Gottes hatte Padmasūra große Kräfte erhalten, sogar die Kraft, alle jene zu Asche zu verbrennen, auf deren Haupt er seine Hand legte. Aber seine Triebe waren nicht gezähmt, und so geschah es, daß er in seiner Gier und seinem Egoismus versuchte, selbst den Geber dieser Kräfte in Asche zu verwandeln!

Die heiligen Schriften sind nur Landkarten; sie sind höchstens Führer, welche die Straße beschreiben und die Richtung für die Reise angeben. Erst auf der Reise selbst zeigen sich die Schwierigkeiten, die Umleitungen, Erdrutsche und Schlaglöcher, aber auch die Schönheit der Natur und die Herrlichkeit des erreichten Zieles. Die heiligen Schriften mögen eine Sache auf viele verschiedene Weisen erklären, nur um sie besser verständlich zu machen. Die *Veden* drücken ein Thema in zehn verschiedenen poetischen Formen aus und beleuchten es von verschiedenen Seiten. Einige Gelehrte jedoch behandeln solche Erklärungen, als ob jede von der anderen verschieden wäre und sie unterschiedliche Bedeutungen hätten. Auf diese Weise vergrößern sie die Verwirrung, anstatt sie zu vermindern. Die Symbole auf der Karte werden von den verschiedenen Gelehrten ihren vorgefaßten Meinungen und Lieblingstheorien gemäß ausgelegt. Die Schriftgelehrten haben also auch nicht immer recht. Sie können durch das Verlangen, ihre Gegner auszustechen, auf Irrwege geraten. Allein, daß sie einer bestimmten philosophischen Schule angehören, begrenzt sie in ihrer Freiheit, die wirkliche Bedeutung der heiligen Schriften zu ergründen und zu erfahren.

Ich bin weder Schriftgelehrter noch Intellektueller. Ich bin die

Verkörperung göttlicher Liebe. Ich stehe also weder im Widerspruch zu den Schriftgelehrten, die sich an die Texte halten, noch zu den Intellektuellen. Beide haben teilweise recht, sind aber in ihren Anschauungen begrenzt. Wenn euer Herz von Liebe erfüllt ist, braucht ihr die *Shāstras* nicht, denn sie wollen mit ihren Lehren nur ein Gefühl der Liebe für alle in gleichem Maße erzeugen und den Egoismus, der im Wege steht, überwinden. Selbst der Geist *(mind)* muß, wenn er dieser Liebe im Wege steht, als „eigensinnig" abgelehnt werden. Alle Zeit und Energie, die mit dem Studieren der heiligen Schriften verbracht wird, ist vollkommene Verschwendung, wenn Studium und Betrachtung nicht zu der Erkenntnis führen, daß der Geist *(mind)* schlimmer als ein betrunkener Affe ist. Pilgerfahrten dienen der Erhebung der Herzen, sie sollen die Impulse läutern und müssen das niedere Selbst zum Denken und Tun auf einer höheren Ebene veranlassen. Der Geist verfolgt denselben Zweck, er sollte es jedenfalls. Er forscht nach der Einheit des Universums, nach Ursprung und Ziel aller Dinge, nach den Gesetzen des Mikrokosmos und des Makrokosmos, und er schaut hinter den immer mehr zurückweichenden Vorhang, um einen Blick auf den Puppenspieler werfen zu können, der alle Fäden in der Hand hält.

Ergeht euch nicht in Wünschen und Verlangen, denn das ist ein endloser Prozeß des Säens und Erntens, der euch nie befriedigen wird. Ein erfüllter Wunsch entfacht zehn weitere. Dieses Jahr hat den Namen „Vikāra", das bedeutet „Agitation des Geistes". Seid hiermit gewarnt! Jagt der Erfüllung unredlicher Wünsche nicht nach und sucht keine billige Befriedigung. Alle Wege, die in das Reich der Sinne führen, sind mühsam und enden in einer Sackgasse; nur der Weg zu Gott ist gerade und eben. Seid redlich in allem, was ihr tut, dann wird sich euch das göttliche Selbst *(ātman)* enthüllen. Redlichkeit wird euch helfen, die drei Grundeigenschaften alles Erschaffenen *(guna)* zu beherrschen. Ihr müßt diese Eigenschaften zermahlen und eine Mischung davon bereiten, so daß ein neuer Geschmack des Glücksbewußtseins entsteht, ebenso wie ihr Salz, Paprika und Tamarinde mahlt, damit sie zusammen als schmackhaftes Chutney eure Speise würzen. Es darf keine bestimmte Eigenschaft *(guna)* vorherrschen. Alle müssen gezähmt und in den See der Glückseligkeit geleitet werden. Es kommt auf das innere Glücksbewußtsein an, nicht auf vergängliches, weltliches Glück. Wenn das innere Gleichgewicht ungestört von dem äußeren Auf und Ab bleibt, dann ist das ein wirklicher Erfolg. Ein Tag ist wie der andere, die Sonne geht auf und geht unter, der Mond nimmt zu und nimmt ab, die Jahreszeiten wiederholen sich, usw. Wenn jedoch 365 Tage vergangen sind, sprechen wir von einem neuen Jahr und geben ihm eine neue Zahl. Sonne und Mond sind völlig unbeeindruckt vom Dahinschwinden des alten und dem Beginn des neuen Jahres.

Niemand muß etwas Besonderes tun, um sein wirkliches Selbst *(ātman)* zu entdecken. Wenn der Vorhang der Täuschung entfernt und zerstört wird, enthüllt sich das Göttliche *(ātman)* von selbst in all seiner Herrlichkeit. Was wirklich notwendig ist, ist das Auflösen des Nebels, der Wolken, des Dunstes und das Wegreißen des dichten Vorhangs, der das Selbst auf den Körper beschränkt. Wie kann man den Nebel entfernen? Wie kann der Spiegel gereinigt werden, so daß er das Selbst *(ātman)* klar und ohne Verzerrung widerspiegeln kann? Es bedarf des Geistes *(mind)* und der höheren Intelligenz *(buddhi)*. Der Geist, wenn er zu einer religiösen Überzeugung gelangt ist, läßt euch die heiligen Schriften als höchste Autorität annehmen, während die höhere Intelligenz sich auf die Vernunft beruft. Beide müssen geputzt und poliert werden, denn sie verschmutzen ziemlich schnell! Sie bedürfen ständiger Aufmerksamkeit.

So wie ein Messinggefäß mit Tamarinde geputzt und dann gewaschen und getrocknet werden muß, damit es wie neu glänzt, so muß der Geist mit der Rezitation des Namens Gottes, mit dem Vorsatz, anderen zu helfen, und mit guten Taten zur Wohlfahrt aller behandelt werden.

Die Sonne steht am Himmel, und eine vorbeiziehende Wolke verbirgt sie vor euch. Die materielle Welt ist die Wolke, welche das göttliche Selbst *(ātman)*, das ewig am Firmament eures Herzens scheint, verbirgt. Derselbe Geist, der die Wolken zusammenballt, kann sie auch sofort wieder zerstreuen. Er ist wie der Wind, der sie von allen Seiten zusammentreibt, so daß sie den Himmel verdunkeln, der aber im nächsten Augenblick seine Richtung ändert und sie dorthin zurückjagt, woher sie gekommen sind. Erzieht euren Geist dazu, die Wolken zu zerstreuen, aber nicht, sie zusammenzutreiben. Dazu muß sich jeder Sucher einer strengen Disziplin unterwerfen. Ihr könnt den

Gipfel nicht mit einem Sprung erreichen. Es ist schwer, die scheinbare Wirklichkeit der Sinneseindrücke zu verneinen; man muß die Neigungen, die sich in Hunderten von Erdenleben gebildet haben, überwinden.

Nur für den, der das höchste Ziel erreicht hat, ist die Welt eine Täuschung und alles ist Gott *(brahman)*. Bis es soweit ist, muß man geduldig warten, hoffen und sich vorbereiten. Das Baby kann nicht mit den Speisen der Erwachsenen gefüttert werden. Ihr müßt die Nahrung den Bedürfnissen und der Aufnahmefähigkeit des Kindes anpassen. Ihr dürft in dieser Hinsicht nicht zu viel und nicht zu wenig tun. Beides ist schädlich für die Gesundheit und hat Krankheit zur Folge.

Ich betrachte weder die *Shāstras* noch intellektuelle Gelehrsamkeit als sehr wichtig für den Gottsucher. Ich rate euch, nicht mit Hilfe dieser schwierigen und sogar zweifelhaften Methoden nach dem höchsten Glück *(ānanda)* zu streben. Füllt euer Herz statt dessen mit göttlicher Liebe *(prema)*, die zu Hause in der Familie beginnt und dann alle Wesen einschließt. Legt die scharfe Waffe nieder, mit der ihr versucht, den Gegner zu bekämpfen und seinen Gesichtspunkt zu entkräften. Nutzt statt dessen die süße Kraft der Liebe, die Freude verbreitet und die widerspenstigsten Herzen gewinnt.

Das ist mein Weg, der Weg göttlicher Liebe, auf dem ich euch mitnehme. Aus diesem Grund biete ich euch allen meine Visitenkarten an, wenn ihr zu mir kommt. Ich kenne euren Namen, euren Titel, Beruf, Stand in der Gesellschaft und eure Geschichte. Aber ihr kennt mich nicht. Ich brauche eure Personalpapiere nicht zu studieren, aber ich möchte, daß ihr etwas von meiner Herrlichkeit erfahrt, und deshalb lasse ich euch durch die Wunder ein wenig davon sehen. Aber ich gebe euch auch zur Genüge von meiner Liebe, die ihr dann mit dem, was ihr fühlt und denkt, vermischen könnt, so daß es süß und schmackhaft wird.

Venkatagiri Adhyātmic Conference, 12.4.1959

Materie und Bewußtsein

Für vierundzwanzig Stunden habt ihr in diesem „akhandabhajana" die Süße des Namens Gottes gekostet. „Akhanda" bedeutet „ununterbrochen", ohne die geringste Pause. Ich freue mich, daß ihr ohne Pause gesungen habt, und auch, daß ihr die Namen zahlreicher Formen Gottes gewählt habt und nicht nur einen bestimmten Namen, als ob Gott nur eine Form hätte. Derselbe Mann ist Vater seiner Kinder, Onkel seiner Neffen, einigen ist er Bruder, vielen ist er Vetter, und er ist der Sohn seiner Eltern. Ebenso wird Gott in verschiedenen Formen gesehen, und wenn ihr gemeinsam die Vielzahl seiner Namen singt *(bhajan)*, müßt ihr versuchen, alle Teilnehmer zufriedenzustellen, indem ihr alle Manifestationen Gottes einschließt und nicht nur *Rāma*, *Krishna* oder Sai.

Um es euch noch einmal zu sagen: „Akhandabhajana" ist nicht nur eine Angelegenheit von vierundzwanzig Stunden, sondern eine Kontemplation über den Ursprung und das Ziel aller Dinge, die von der Geburt bis zum Tod andauert. Die Prozession zum Friedhof beginnt sofort nach der Geburt, und der Herzschlag ist der Ton der Trommeln auf dem Marsch dorthin. Für manche ist der Weg länger, für andere kürzer, aber alle sind auf dem Wege. Das Singen zur Ehre Gottes *(bhajan)* muß deshalb in der Kindheit beginnen und später beibehalten werden. Es muß ein ständiger Begleiter des Menschen sein, sein Trost und seine Kraft. Wartet damit nicht, bis ihr alt seid, denn es ist eine wichtige Nahrung für das Gemüt.

Ihr habt das gemeinsame Singen *(bhajan)* hier genossen und seid froh, daß ihr die Gelegenheit hattet, daran teilzunehmen. Aber das ist bei euch nur ein vorübergehendes Gefühl. Heute habt ihr die Herrlichkeit Gottes besungen, und morgen werdet ihr ebenso begeistert an anderen Veranstaltungen teilnehmen, wo Unehrlichkeit und Unrecht gefördert werden! Es ist keine Beständigkeit in eurer Haltung. Was ihr fühlt, ist richtig, aber ihr handelt nicht entsprechend. Das ist nicht das Kennzeichen eines Gläubigen. Wenn ihr keinen festen Glauben habt, wie könnt ihr inneren Frieden finden?

Die Menschen suchen verzweifelt auf tausend verschiedenen Wegen nach Frieden und Zufriedenheit. Kurz bevor ich hierher kam, sagte mir Dr. Bhagavantam im Tata-Institut der Wissenschaften, daß es jenseits dieser materiellen Welt ein Geheimnis gibt, das mit jedem Fortschritt der Wissenschaft tiefer und geheimnisvoller wird. Wenn sich eine Tür öffnet, zeigen sich dem überraschten Wissenschaftler zehn verschlossene Türen. Der wirkliche Frieden kann also nur „in den Tiefen des Selbst", in der Disziplin des Geistes, im Glauben an die eine Grundlage all dieser Vielfalt gefunden werden. Diese Einheit ist das Gold, aus dem man eine Vielzahl von Schmuckstücken herstellen kann.

Alles hängt von der eigenen Erfahrung ab. Die Freude dieser Erfahrung, die tiefe Beglücktheit, die sie begleitet, kann nicht mit Worten beschrieben werden. Hören und Singen bringen euch dieser Erfahrung näher. Das Hören der heiligen Texte ist die Medizin, die ihr einnehmt, und das Singen zum Lobe Gottes ist die Salbe, die äußerlich angewendet wird. Beides ist nötig. Ebenso nötig sind rechtes Handeln und eine tugendhafte innere Haltung. Rechtes Handeln ist die Grundlage des Pfades der Liebe zu Gott. Es ist das Fundament, auf dem das Gebäude der Hingabe an ihn errichtet werden kann. Die innere Haltung, die das Handeln bestimmt, muß von Wahrhaftigkeit, selbstloser Liebe und innerer Ausgeglichenheit gekennzeichnet sein. Jene, die nur an sich denken, haben immer das Ergebnis ihres Handelns im Sinn und sind nur auf ihren Vorteil bedacht. Für sie gilt: der Zweck heiligt die Mittel. Jene, die stolz auf ihre Leistungen sind und nach Anerkennung verlangen, rühmen sich ihrer Wohltaten. Aber jene, die einen reinen, selbstlosen Charakter haben, denken nicht an die Früchte ihres Handelns. Sie überlassen Gott das Ergebnis und sorgen sich nicht darum, ob ihnen Erfolg oder Mißerfolg beschieden ist. Sie sind sich ihrer Pflichten bewußt und pochen niemals auf ihre Rechte.

Das Handeln selbst bringt mehr Freude als das Ergebnis des Handelns. Das ist es, was ihr erfahren müßt. Die sorgfältigen Vorbereitungen, die ein Brautvater für die Hochzeit seiner Tochter für den Empfang, das Essen, die Beleuchtung, die Musik usw. trifft, machen ihm Freude. Jedoch wenn alles vorüber ist, läßt die Freude nach. Am Ende kommen die Rechnungen, die unerwünscht sind und sogar Sorgen bereiten können! Es müßte also eigentlich leicht sein, die Früchte der Handlungen aufzugeben, wenn man über diesen Prozeß des karmischen Gesetzes von Ursache und Wirkung nachdenkt.

Der Mensch wird in diese Welt geboren, um den Glanz des göttlichen Funkens, der sein innerstes Wesen ist, zu enthüllen. Der Körper ist der Docht der Lampe, und das Verlangen nach Gott ist das Öl, das die Flamme nährt. Aber so wie die Ratte, die durch den Geruch des Köders in der Falle angelockt wird, die anderen guten Nahrungsmittel in der Kornkammer außer acht läßt und ihrer Torheit zum Opfer fällt, so vernachlässigt auch der Mensch das, was ihn wirklich erhält, und vergeudet sein Leben, indem er vergängliche Güter zu erwerben sucht.

Seht und bestaunt das Ewige in allem Vergänglichen. Dieses Drama hat nur zwei Schauspieler, die Millionen verschiedener Rollen spielen: die Materie *(jada)* und das göttliche Bewußtsein *(caitanya)*. Ebenso wie der Violinist Chowdiah, der hier gerade zehn Melodien gespielt hat, vierhundert Melodien auf den vier Saiten spielen kann, so spielen Materie und göttliches Bewußtsein zusammen alle diese Rollen. Aus den 26 Buchstaben des Alphabets werden alle Wörter gebildet, die im Wörterbuch stehen, und so können Millionen von Büchern geschrieben, gelesen und verstanden werden. Aber ihr müßt dieses Drama durchschauen und entdecken, daß der Puppenspieler, der die Fäden in der Hand hält, niemand anderes als Gott ist.

Die Liebe zu Gott *(bhakti)* ist ein Pfad, der auf selbstlosem Dienen beruht. Es gibt verschiedene Arten von *„bhakti“*, die den Anlagen und der geistigen Entwicklungsstufe, auf der sich der Gläubige befindet, entsprechen. Da gibt es die ausgeglichene Liebe *Bhīshmas*, die Mutterliebe *Yashodās*, die zärtliche Liebe *Caitanyas* und *Mīrās* und die unerschütterliche Liebe der *„gopīs“*. Für die meisten Gottsucher der heutigen Zeit ist eine Haltung des Dienens am leichtesten und am besten. Diese entwickelt sich aus innerer Ausgeglichenheit.

Liebe zu Gott *(bhakti)* muß auf verschiedene Weise oder besser: auf jede mögliche Art und Weise gefördert werden. Geist *(mind)* und Unterscheidungsvermögen müssen durch Übung geschult und beherrscht werden, das ist das Ziel. Sie können euch jedoch bestenfalls bis zum bedingten Non-Dualismus *(vishishtādvaita)* bringen. Die spätere Erfahrung des Non-Dualismus *(advaita)* hängt von der Gnade Gottes ab; das Einswerden mit ihm liegt in seiner Hand. Die Mittel und Wege, die dazu führen, sind: das Hören vedischer Texte, konzentrierte Kontemplation, das Singen zum Lobe Gottes, Rezitation der Namen Gottes, Ehrfurcht der Natur und allem Leben gegenüber, Hingabe an Gott, Freundschaft mit ihm und völlige Ergebung in seinen Willen. Freundschaft steht der Ergebung in Gottes Willen am nächsten, denn zwischen Freunden gibt es weder Furcht, noch Zweifel, Unglauben oder Zögern.

Der *Avatar* ist gekommen, um den Weg zu bahnen, auf dem die Menschen spirituellen Fortschritt erzielen können. Dem Unfrieden, der sich unter den Menschen ausgebreitet hat, muß Einhalt geboten werden. Alle guten Menschen, die von den Fangarmen des Unfriedens und der Sorgen ergriffen wurden, weil sie sich der relativen Unwirklichkeit aller weltlichen Dinge nicht bewußt sind, müssen befreit werden. Alle müssen inneren Frieden finden. Das ist die Mission, für die der Herr wieder und wieder auf die Erde kommt. Er erwählt einen heiligen Ort und nimmt menschliche Gestalt an, so daß ihr ihn sehen und sprechen, verstehen und würdigen, ihm zuhören und folgen, ihn erfahren und seine Wohltaten empfangen könnt.

Es ist eine Tragödie, daß ihr an Gott zweifelt, ihn diskutiert und verneint, wenn er in menschlicher Gestalt zu euch kommt, obwohl ihr euch, wenn er unsichtbar ist, eine Vorstellung von ihm macht, diese anbetet und dadurch gestärkt und getröstet werdet! Die Leute fallen vor einem Standbild des Schlangengottes nieder, schütten Milch darüber oder waschen es liebevoll mit heiligem Wasser, aber wenn es sich in eine wirkliche Kobra verwandelt, fliehen sie voller Furcht! Ein wahrer *Devotee* Gottes dagegen kennt weder Furcht noch Zweifel. *Prahlāda* zitterte, als aus der Säule Gott in der Form des Mensch-Löwen *Narasimha* hervortrat. Als der Herr ihn nach dem Grund dafür fragte, antwortete er, daß er keine Angst vor der Form Gottes habe, denn alle seine Erscheinungsformen seien ebenso lieblich wie göttlich, daß er aber vor Angst zittere, weil die Form bald verschwinden und er die wunderbare Vision des Herrn verlieren könne. Der Vater *Prahlādas* war egoistisch und böse, und so sah er nur die schreckenerregende äußere Form. *Prahlāda* sah etwas anderes. Ihm erschien der Herr lieblich und voller Gnade, denn sein eigenes Wesen war voller Liebe.

Ihr müßt in die Tiefe des Meeres tauchen, um die Perlen zu finden. Es hat keinen Sinn im seichten Wasser herumzuplanschen und dann zu schwören, im Meer gebe es keine Perlen und alle gegenteiligen Behauptungen seien falsch! Ebenso müßt ihr, wenn ihr das Kommen dieses *Avatars* nutzen wollt, tief in Sai Baba eintauchen. Lauheit,

Zögern, Zweifel, Zynismus und dem Geschwätz anderer Gehör schenken ist fruchtlos. Nur Konzentration und unerschütterlicher Glaube kann den Sieg bringen. Das gilt für alle weltlichen Unternehmungen, nicht wahr? Wieviel mehr muß es dann auf spirituellem Gebiet Gültigkeit haben! Wenn ihr euch bereits einem Namen und einer Form Gottes verbunden fühlt, ersetzt diese nicht durch eine andere Form. Es mögen hundert Leute in euer Haus kommen, die euch liebevoll behandeln, aber ihr nennt sie nicht alle „Vater". Konzentriert euch auf einen; erlaubt nicht gelegentlichen Zweifeln wie: „Ist er der Größte?", „Ist er Gott?" euren Glauben zu schwächen. Seid kühn! Bestätigt die Herrlichkeit, deren Zeuge ihr wart, verkündet die Freude, die ihr erfahren habt, bekennt euch zu der Gnade, die euch zuteil wurde. Wenn die Leute euch fragen, ob ihr nach *Puttaparthi* geht und auch *„bhajans"* singt, antwortet stolz mit „ja", denn ihr braucht euch nicht zu schämen, auf dem rechten Pfad zu gehen!

Es gibt einige *Gurus*, die auf unbedingtem Gehorsam bestehen. Sie verlangen sogar von ihren Schülern, jene zu verprügeln, die ihren Meister kritisieren. Das mißfällt mir sehr, und ich bin gekommen, um sie zurechtzuweisen. Der *Guru* darf sich niemals an die Stelle Gottes setzen. Es ist besser, wenn Gott selbst euer *Guru* ist statt dieser machthungrigen Lehrer, die voller Egoismus sind und alle Andersdenkenden verachten. Kümmert euch nicht um jene, die sich in überheblicher Kritik ergehen. Ich meine nicht nur die, welche mich ablehnen, sondern alle, die jede Form Gottes und die Idee, daß es Gott gibt, verlachen. Stärkt den Glauben in euch selbst, so daß ihr der negativen Flut wie ein Fels trotzen könnt. Durch diesen Glauben werdet ihr die wechselnden Umstände der äußeren Welt vergessen. Als Ramadas ins Gefängnis geworfen wurde, dankte er *Rāma* für den großen Segen, den er erfahren durfte. Nun konnte er ununterbrochen den Namen des Herrn rezitieren, ungestört von der Welt, die barmherzigerweise von hohen Gefängnismauern ferngehalten wurde.

Ob ihr glücklich oder unglücklich seid, hängt ganz von der Betrachtungsweise ab, die eure Haltung und eure Meinungen färbt. Ramadas besang die Heldentaten *Ānjaneyas* in Lanka und erwähnte dabei die weißen Lilien der Insel. *Ānjaneya* hörte ihn singen und nahm Anstoß an seiner Beschreibung. Er sagte, er habe niemals eine weiße Blume dort gesehen, und erklärte, daß die Lilien in Lanka rot seien.

Ramadas behauptete jedoch, die Lilien seien weiß. *Ānjaneya* ärgerte sich über die Unverfrorenheit der Poeten, die versuchten, ihre dichterische Freiheit mit dem Zeugnis derer zu messen, die eine direkte Erfahrung hatten. Er beschwerte sich darüber bei *Rāma* und bat ihn, dagegen einzuschreiten. *Rāma* jedoch war mit Ramadas einer Meinung! Er sagte, *Ānjaneya* sehe die Lilien rot, weil seine Augen durch den leidenschaftlichen Haß, der ihn gegen die ganze dämonische Brut in Lanka erfüllte, getrübt seien! Ihr seht, wenn ihr inneren Frieden habt, erscheint euch die Welt als ein friedlicher Ort; wenn ihr jedoch friedlos seid, wird auch die Welt für euch ohne Frieden sein. Ihr könnt inneren Frieden nur durch spirituelle Übungen erlangen, nicht durch das Lesen von Büchern. Ein Richter liest dicke Bände, um zu einem Urteil in einem Prozeß zu gelangen. Ein anderer Richter liest dieselben dicken Bände und gelangt in dem gleichen Prozeß zu einem gegenteiligen Urteil! Bücher können nur für eine kurze Strecke als Führer dienen. Danach müßt ihr euren eigenen Weg finden. Mit der Zeit wird das immer leichter. Aus einem Paisa (Geldstück) und noch einem Paisa werden zwei Paisas. Vier Paisas sind ein Anna (Geldstück), und hundert Annas eine Rupie. Die ersten Schritte sind immer die schwersten; der Pilger auf dem Weg nach Kāshi beginnt mit dem ersten Schritt.

Nährt die Flamme des Losgelöstseins von Bindungen mit kleinen Reisigzweigen, bis sie zu einem großen Freudenfeuer anwächst. Heißt jede Chance willkommen, euer Unterscheidungsvermögen entwickeln zu können. Wenn ihr gut seid in dieser Welt, dann wird der Herr dieser Welt euch mit Liebe überschütten. Werdet eine Blüte, welcher der Wohlgeruch des Dienens und der selbstlosen Liebe entströmt, dann werde ich gerne die Girlande tragen, die aus euch allen zusammengebunden ist.

Wiederholt ununterbrochen den Namen des Herrn. Ich habe den *„bhajans"* zugehört, die ihr gestern und heute hier gesungen habt. Eure Stimmen waren schwach und konnten kaum außerhalb dieser Halle gehört werden. Ich weiß, daß bei einem bestimmten Akhanda-Bhajan-Treffen einige gute Sänger für Geld angestellt wurden, damit die Veranstaltung ein Erfolg würde. Singt *„bhajans"* mit Glauben und Begeisterung! Die ganze Stadt muß von der Hingabe erbeben, mit der ihr jeden Namen des Herrn singt. Der Name des Herrn fördert Freundschaft und festigt die Eintracht unter euch; er stillt alle Stürme und verleiht Frieden.

Bangalore, Akhanda Bhajana, 10.7.1959

Der verhüllende Schleier im Inneren

Es ist zur Gewohnheit geworden, Versammlungen wie diese mit der Anrede „Brüder und Schwestern“ zu beginnen, obwohl keiner der Redner wirklich vorbereitet ist, dem Ideal gemäß zu leben, das diese Form der Anrede voraussetzt. Viele solcher leerer Formalitäten sind zur täglichen Gewohnheit geworden. Es wurde zum Beispiel gerade erwähnt, daß der heutige Tag mit goldenen Lettern in die Geschichte von Tirupati eingehen wird. Heutzutage ist man schnell bei der Hand, einen Tag oder Tage zu bestimmen, die in goldenen Lettern verzeichnet werden sollen. Denkt daran, daß es aber nur vier Tage sind, die diese Ehre verdienen: Der Tag, an dem sich die Gläubigen versammeln, um das Lob Gottes zu singen, der Tag, an dem die Hungrigen gespeist werden, der Tag, an dem man einem großen Weisen begegnet und der Tag, an dem man gewahr wird, was wirklich und was unwirklich ist. Der heutige Tag fällt ganz sicher in diese Kategorie; darin jedenfalls hatte der Redner mit seiner Bezeichnung recht.

Die Arbeit, mit der sich dieses Komitee befaßt, hat meine Anerkennung, und deshalb eilte ich von Bangalore, wo gestern ein Akhanda-Bhajana (24-Stunden-Singen) mit vielen *Devotees* stattfand, hierher. Ich liebe *Tyāgarāja*. Meine Zuneigung zu ihm ist nicht erst heute entstanden, sondern ist Jahrhunderte alt. *Tyāgarāja* und Tirupati sind eng miteinander verbunden. Hier betete er, die Gnade Gottes möge den Schleier lüften, der das innere Licht verdunkelte. Dieses Komitee hat mit großem Eifer versucht, ein Gebäude zu Ehren des Heiligen zu errichten, in dem das *Tyāgarāja*-Fest gefeiert und seine Lieder gelernt und gesungen werden können. Als ich ihrem Bericht zuhörte, tat es mir leid, zu hören, daß diese Leute weit gereist sind, aber bis jetzt nur kleine Spenden erhalten haben.

Obwohl der Bericht ihre Opferbereitschaft beweist, enthüllt er auch die falschen Wertmaßstäbe, welche die Menschen heutzutage anlegen.

Geld muß ebenso zirkulieren wie Blut, andernfalls kann es Krankheit verursachen. Man kann sein Geld nicht besser anlegen, als damit, die Liebe zu Gott zu fördern. Auf diese Weise bringt es für den einzelnen und für die Gesellschaft den größten Nutzen. Wenn Geld gehortet und nicht in Umlauf gebracht wird, gibt es soziale Druckstellen, die sich zu Geschwüren entwickeln und aufbrechen können.

Ich habe gehört, daß die Organisatoren in ihrer Verzweiflung daran dachten, eine Lotterie zu veranstalten, um dieses Gebäude vollenden zu können. Ich bin mit diesem Plan nicht einverstanden. Lotterieeinnahmen kommen von Leuten, deren Motiv Habsucht ist. So etwas fasziniert wegen der Möglichkeit, schnell reich zu werden, und es ist eine Versuchung für die Menschen. Das Geld, das durch den Verkauf der Lose eingenommen wird und nach der Auszahlung der Gewinne übrigbleibt, ist befleckt. Die Mittel zu einem guten Zweck müssen jedoch rein sein. Jeder, der auch nur einen Paisa spendet, muß dies aus Liebe tun, und er muß sicher sein, daß dieser Paisa für den Bau des Gebäudes verwendet wird, das er errichtet haben möchte. Nehmt kein Geld an, das mit halbem Herzen oder aus Motiven gegeben wird, die nicht der Liebe zu Gott entspringen. Nur dann wird das Gebäude *Tyāgarāja* würdig sein, der die weltlichen Güter verschmähte, die der König von Tanjore ihm anbot, und der die Gegenwart Gottes der Gunst, die Menschen verleihen, vorzog.

Wenn Krankheiten ausbrechen, werden Ärzte dringend gebraucht. Ebenso müssen heute, da die Moral so tief gesunken ist, die Menschen sich an einen Arzt wie *Tyāgarāja* wenden, der auf seine eigene liebenswerte Weise die Medizin der Rezitation des Namen Gottes verabreicht. Alle haben gleichermaßen das Recht, der Gesundheit spendenden Kraft dieser Medizin teilhaftig zu werden. In jeder Sprachengruppe gibt es große Ärzte, die diese Gemütskrankheit erfolgreich behandeln: Surdās in Hindi, Rāmalingasvāmī in Tamil und Purandaradāsa in Kannada, um nur einige Beispiele zu nennen. *Tyāgarāja* ist eine Klasse für sich, und das nicht, weil er seine Lieder in Telugu verfaßt hat, sondern weil sie durch eine seltene, tiefe Hingabe und durch dichterische Schönheit und Harmonie gekennzeichnet sind. Die Melodie spiegelt den Gefühlsgehalt des Liedes wider; die Worte, die automatisch das Zeitmaß diktieren, führen den Musiker durch die Noten und die gesamte Struktur des Liedes und tragen zur Erweckung des

Dranges nach Spiritualität in dem Sänger bei. Eine derartige Meisterschaft in Technik und Kunst der musikalischen Gestaltung, verbunden mit spirituellem Streben *(sādhana)*, ist in der Geschichte anderer Sprachgebiete selten zu finden. Er sang aus der Fülle seiner Erkenntnisse, und daher haben seine Lieder diese seltene Kraft, die sowohl dem Sänger als auch dem Zuhörer innere Glückseligkeit vermitteln.

Devakī hatte *Krishna* geboren, aber das Kind wurde von *Yashodā* in *Brindāvan* großgezogen. *Yashodā* genoß all die Wonnen, die das Kind geben konnte. Ebenso haben die Gläubigen in Tamil-Nadu die Musik *Tyāgarājas* adoptiert und mehr geschätzt als die Bevölkerung des Telugu-Sprachgebietes. Sie sind für *Tyāgarāja*, was *Yashodā* für *Krishna* war. Die Bewohner des Tamil-Sprachgebietes haben ein besonderes Gefühl für Melodie und Rhythmus, welche sie beim Vortrag streng einhalten. Da sie aber den Text nicht ganz verstehen, machen sie oft Fehler, die das Telugu-Ohr schmerzen. Mehr und mehr Telugu-*Devotees* sollten *Tyāgarājas* Lieder lernen, damit die Feinheiten der Telugu-Sprache in den Liedern nicht verloren gehen. Schließlich sollen ja Melodie, Rhythmus und Tonart der leichteren Aufnahme der Botschaft, die das Lied enthält, dienen, und dem Sänger und Zuhörer die Gemütsbewegung vermitteln, aus der das Lied ursprünglich entstanden ist. Dies kann nur geschehen, wenn die Bedeutung klar ist.

Musik ist ein Ausdrucksmittel, das überall in der Welt beliebt ist. Männer, Frauen und Kinder aller Länder sind ihrem reizvollen Einfluß zugänglich. Sogar Tiere und Pflanzen sind empfänglich für Musik. Der Herr hat gesagt: „Dort wo Gläubige singen, bin ich anwesend.“ Deshalb sind *Tyāgarājas* Lieder, wenn sie gut und mit voller Kenntnis des Inhalts und der Bedeutung vorgetragen werden, ein ausgezeichnetes Mittel, die Liebe zu Gott zu verbreiten. Es sind drei Dinge, die mich hierher gebracht haben, um die Veranstalter dieses *Tyāgarāja*-Festes zu ermutigen und zu segnen: ihr Sehnen, ihr Glaube und die Gelegenheit dieses Festes!

Der Tirumalai-Tirupati-Schrein muß die Liebe zu Gott mit allen Mitteln fördern. Es ist diese Liebe, welche die Pilger auf dem Berg zusammenströmen läßt, um vor Venkateshvara, dem göttlichen Beschützer, zu beten. Wenn die Quelle der Liebe zu Gott versiegt, wie können dann die Herzen der Menschen bewässert werden? Sie ist das

Reservoir für alle Tempel dieses Landes. Der Schrein kommt diesem Komitee zu Hilfe. Er regt zum Singen der Lieder *Tyāgarājas* an, durch die ein Geist der Hingabe entsteht. Es war *Vālmīki* selbst, der in den Süden Indiens kam, um zum Lobe *Rāmas* zu singen und die Rezitation seines Namens zu verbreiten. Er hatte immer die Wohlfahrt des einzelnen und der ganzen Welt im Auge. Er war sich ununterbrochen der Gegenwart des Herrn bewußt, so daß dieser ihm häufig erschien und zu Hilfe kam. Seine Liebe zu Gott verlieh ihm für immer Frieden und Freude.

Durch Gebet und Reue wird das Herz geläutert und von Egoismus und Haß gereinigt. *Tyāgarāja* ist ein gutes Beispiel dafür, wie das gemacht werden kann. Er war immer damit beschäftigt, seine Worte und Taten zu untersuchen und sie am Prüfstein der Liebe zu Gott zu messen. So wie die Biene auf ihrer Suche nach Honig weit fliegt, um die Blume zu finden, wie die Winde sich zärtlich an den Baum klammert, um nicht zu fallen, wie das Bächlein dem Fluß und der Fluß dem Meer zueilt, so sehnte *Tyāgarāja* sich nach *Rāma*. Seine Lieder sind reine, duftende Blüten der Liebe zu Gott und deshalb unsterblich.

Jedermann sucht innere Ruhe, aber der Staub sinnlichen Verlangens sammelt sich im Herzen an, macht es rostig und droht, es zu sprengen. Man muß es also hin und wieder überprüfen und gut instand halten. Die Musik *Tyāgarājas* ist ein sehr nützliches Mittel, um den Rost zu entfernen. Vergeßt euren Zynismus für eine Weile, lauscht den fesselnden Melodien, und macht euch ihren Sinn zu eigen. Die Wissenschaft der spirituellen Lebensweise und Selbstbeherrschung wurde in diesem Land seit Jahrtausenden entwickelt und praktiziert. Darum konnte Indien dem Wüten der Taifune und den Schicksalsschlägen vergangener Zeiten, die ganze Völker vernichtet haben, standhalten. Indien ist noch jung und frisch und steht unter der Führung seiner eigenen uralten Ideale an der Schwelle eines neuen Zeitalters.

Der Sinn für gute Musik ist heute durch die aufreizenden Schlager und sentimentalen Schnulzen der Filme verloren gegangen. Diese Verrücktheit wird sogar in den „*bhajans*“ imitiert! Singt die Lieder *Tyāgarājas* mit den klassischen Melodien, und ich bin sicher, daß sie großen Gefallen finden werden. Es sind keine gewöhnlichen Lieder, sondern kostbare Edelsteine, die euch auf dem Wege zu Gott begleiten. Wenn *Tyāgarāja* vernachlässigt wird, verliert dieser heilige Berg an Höhe, denn er ist so hoch, weil er auf dem Sockel der Liebe zu Gott ruht. Eine Vernachlässigung *Tyāgarājas* kann nur dann eintreten, wenn die Menschen dieses Landes so völlig verweltlichen, daß sie taub für das Flüstern der Stimme Gottes im eigenen Herzen werden.

Tirupati Tyagabrahma-Utsava, 11.7.1957

Der Tempel

Es macht mir immer besondere Freude, die Dörfer zu besuchen und die Menschen dort zu treffen. Der Dorfbewohner hat ein gutes Herz, und die Atmosphäre des Dorfes ist aufrichtig und ungekünstelt. Heute ist ein großer Tag in der Geschichte eures Dorfes, denn im Zuge des Gemeindeentwicklungsprogramms bekommt ihr ein Krankenhaus und ein Gesundheitsamt. Ich freue mich, daß ihr euch der Bedeutung dieses Tages bewußt seid. Ihr habt Vorbereitungen getroffen, dieses Ereignis gebührend zu feiern, und ihr führt gemeinsam fröhlich die verschiedenen Aufgaben aus, die euch von den Organisatoren übertragen wurden. Dieser Geist der Zusammenarbeit und froher Kameradschaft, der in eurem Dorf herrscht, hat mich heute hierher geführt. Ich bin Liebe, und ich wünsche, daß alles, was ihr tut, von selbstloser Liebe bestimmt wird.

Die Krankheiten, an denen der Mensch leidet, sind von zweierlei Art: körperlich und geistig. Die eine Art wird hervorgerufen, weil der Stoffwechsel aus dem Gleichgewicht geraten ist, die andere, weil die reinen, dynamischen und trägen Eigenschaften *(guna)* sich nicht die Waage halten. Etwas Besonderes ist die Tatsache, daß beide Arten von Krankheit durch die Entwicklung von Tugenden geheilt werden können. Körperliche Gesundheit ist die Voraussetzung für geistige Gesundheit, und geistige Gesundheit sichert körperliche Gesundheit! Eine Haltung der Großherzigkeit und Tapferkeit in Zeiten des Leides und Verlusts, die Begeisterung Gutes zu tun und anderen nach besten Kräften zu helfen, wird Körper und Geist stärken. Allein die Freude, welche das Dienen vermittelt, wirkt sich auf den Körper aus und befreit euch von Krankheit. Körper und Geist stehen in enger Wechselbeziehung.

Die meisten von euch sind Bauern, und ich brauche euch nicht zu sagen, wie sehr die Hoffnung euer Leben bestimmt. Ihr seid voller Hoffnung, während ihr pflügt, sät, pflanzt und düngt, daß die Früchte eurer Felder wachsen mögen. Dieses Hoffen muß euch auch auf Gebieten außerhalb der Landwirtschaft zur Gewohnheit werden. Das wird euch auf allen Wegen des Lebens Kraft geben. Gebt der Verzweiflung keine Gelegenheit, die Entschlossenheit, die ihr für eure Bemühungen braucht, zu zerstören. Verzweiflung ist eine Sünde gegen Gott! Wie könnt ihr die Hoffnung verlieren, wenn er in euch ist? Darum sagt der Herr: „Warum fürchtet ihr euch, wenn ich hier bin?“ Seid immer fröhlich, optimistisch und mutig. Es wurde gesagt, daß der Chittravati, an dem Puttaparthi liegt, auch bei eurem Dorf vorbeifließt und daß er eine Verbindung zwischen uns darstellt. Das wäre aber eine schwache Verbindung! Dieser Fluß führt nur wenige Tage des Jahres Wasser und ist in der übrigen Zeit eine sandige Wüste! Wenn die lebenspendenden Wasser der Zuversicht in euren Herzen fließen, dann ist dieser Strom kostbarer als das trockene Flußbett und ein wirkliches Band zwischen euch und mir.

Das Dorf ist das Rückgrat des ganzen Landes. Das Kind wächst zum Mann heran, und das Dorf wächst und wird eine Stadt. Wir müssen jedoch aufpassen, daß das unschuldige, einfache, aufrichtige Kind nicht zu einem grausamen, hartherzigen Mann heranwächst. Ebenso müssen wir dafür sorgen, daß das ruhige, gottesfürchtige, einfache Dorf nicht zu einer lauten, unmoralischen Stadt anwächst. Die Führer von morgen wachsen hier und in anderen Dörfern überall im Lande heran. Wenn ihr tugendhaft lebt, wird morgen in den Städten die Tugend herrschen. Wenn ihr stark seid, werden die Städte stark sein. Wenn ihr streitsüchtig seid, wird das die Städte beeinflussen. Lernt in Freundschaft zu leben und zu arbeiten. Macht die frohe Erfahrung von heute zu einem bleibenden Zustand eures Lebens. Uneinigkeit und Parteilichkeit in den Dörfern sind der Ruin unseres gesellschaftlichen Lebens. Alles, was durch harte Arbeit erworben wurde, geht durch den Haß streitender Parteien verloren. Ihr produziert die Nahrung und das Material für die Bekleidung der Bevölkerung. Ihr seid mit eurem Fleiß den Faulen ein Vorbild. Ihr erhebt euch beim ersten Hahnenschrei und geht mit den Hühnern zu Bett. Ihr arbeitet im Schweiße eures Angesichts, betet hoffnungsvoll und andächtig mit gefalteten Händen und lebt bescheiden und dankbar. Es besteht eine enge Beziehung zwischen den Jahreszeiten und dem Bauern. Euer Leben verläuft gleichmäßig, und ihr folgt dem Rhythmus der Jahreszeiten. Ihr eilt der Natur nicht voraus, so wie es Stadtleute tun.

Ich möchte, daß ihr den Menschen, die den Bau dieses Krankenhauses ermöglicht haben, und der Regierung, die es verwalten wird, dankbar seid. Verlaßt euch aber nicht in allem, was ihr braucht, auf die Regierung. Auch Beamte sind nicht allmächtig. Sie sind nur Diener, die Befehlen gehorchen müssen. Die Regierung ist der Fahrer des Autos, das Auto der Staat. Ihr seid die Besitzer und auch die Passagiere des Autos. Wählt euch gute Fahrer und paßt auf, daß sie keinen Unfall verursachen. Das ist die Pflicht des Besitzers, nicht wahr?

Das beste Mittel, den Erfolg all eurer Anstrengungen sicherzustellen, ist hingebungsvolle Liebe zu Gott. Sie bringt euch Gesundheit, Wohlstand und Gedeihen, denn sie löscht den Haß und Streit aus und gibt euch mehr Kraft, den Acker zu pflügen. Ein Mensch mit Liebe zu Gott im Herzen wird jede Arbeit als Gottesdienst verrichten und deshalb ohne jede Bosheit und Unaufrichtigkeit alles besser und wirksamer ausführen. So werdet ihr die Gnade Gottes gewinnen und euch reicherer Ernte, besserer Gesundheit und inneren Glückes erfreuen. Wenn die tausend Bewohner des Dorfes zusammen die Herrlichkeit Gottes preisen, wird das größere Harmonie und sozialen Zusammenhalt zur Folge haben, als wenn diese tausend sich gegenseitig anschreien und sich streiten. Liebe wird das Dorf erfüllen, und alle eure Bemühungen werden fruchtbar gemacht, wenn ihr miteinander singend den Namen des Herrn verherrlicht. Versucht das eine Zeitlang, dann werdet ihr selbst erleben, wie sich die Atmosphäre verändert.

Manchmal werden Wolken des Neides und der Eifersucht, welche durch Ärger, der von Angst genährt wird, entstehen, eure Beziehungen verdunkeln. Diese werden aber durch die Liebe zu Gott und die dadurch erwachte Demut und Weisheit verschwinden. Durch Ärger wird Zeit vergeudet, und Gesundheit und Charakter werden geschädigt. Erlaubt ihm kein freies Spiel. Bemüht euch, euer Inneres so wie eure Felder zu bearbeiten. Versucht eure Gefühle, Motive, Wünsche und Triebe zu beherrschen.

Als ich auf dem Ochsenwagen in der Prozession fuhr, sah ich euren Tempel. Ich fand ihn vernachlässigt und in unsauberem Zustand. Der Tempel ist das Herz des Dorfes. Die Lampe, die dort brennt, ist das Leben des ganzen Dorfes. Laßt sie immer hell und klar leuchten. Jemand hat einen zerbrochenen Handkarren auf der kleinen Veranda des Tempels abgestellt. Das ist ebenso schlimm wie eine Entehrung der Wohnung des Herrn. So etwas regt die Leute nicht zum Gottesdienst an. Haltet den Tempel, so klein und bescheiden er auch sein mag, rein und frei von Unrat. Behandelt ihn nicht, wie manche Dorfbewohner es tun, als eine Zuflucht für Faulpelze, die herumlungern und Karten spielen. Bildet in diesem Dorf eine *„bhajan"*-Singgruppe. Ich weiß, daß ihr eine habt, aber sie muß aktiver sein. Sie muß am Gottesdienst in diesem Tempel teilnehmen und eine Quelle der Frömmigkeit werden. Das wird eure Dankbarkeit für alle Segnungen, mit denen Gott euch überschüttet hat, beweisen.

Der leitende Arzt des Krankenhauses hat um eure Mitarbeit gebeten. Er meinte, ihr solltet die Heilung körperlicher Krankheiten, welche dem Tempel Gottes Schaden zufügen, nicht vernachlässigen. Der Arzt ist ein Fachmann auf diesem Gebiet, er hat lange Zeit Medizin studiert und ist vom Geist des Dienens erfüllt. Ehrt ihn wegen seiner Fähigkeiten, vertraut ihm und seinen Heilmitteln, und sucht keine Quacksalber auf, welche die Krankheiten, an denen ihr leiden mögt, nur verschlimmern.

Ich sage das ganz besonders zu euch, ihr Leute von Budili! Seid bereit, euch gegenseitig zu helfen. Es gibt Dorfbewohner, denen Schaden zugefügt wurde, weil einer den anderen um seinen Reichtum beneidete. Das ist ein schlechter Zug des indischen Charakters. Jeder ist geneigt, seinen Nachbarn schlecht zu machen. Im Westen hingegen unterstützt man das geringste Anzeichen von Intelligenz und Fleiß und ist nicht eifersüchtig. Eifersucht ist die Ursache allen Übels. Sie wird von der übertriebenen Wichtigkeit, die dem Körper und den Sinnen zugemessen wird, und durch das Anhäufen von Dingen, die den Sinnen angenehm erscheinen, genährt. Hütet euch vor einer Überbewertung materieller Dinge und seht sie in der richtigen Perspektive. Es gibt höhere Werte, die Freude und inneren Frieden verleihen. Strebt nach diesen; jeder von euch hat das Recht, sie zu besitzen. Nichts kann sie eurem Zugriff entziehen.

Ihr habt von dem Brahmeshvara-Tempel gesprochen, der einst hier stand und der von dem Sand des Flusses begraben wurde. Laßt nicht zu, daß der Tempel des Herrn im Innersten eures Herzens ebenso von dem Sand des Verlangens und der Habgier verschüttet wird. Ihr habt von den vielen Weisen und *Yogis* gesprochen, die hier traditionsgemäß ihre spirituellen Übungen verrichteten. Nun, diese Weisen und *Yogis* wußten, was wirklich und was unwirklich ist. Sie übten Selbstbeherrschung und hatten inneren Frieden. Konzentriert euch auf diese ewigen Werte, dann werdet ihr nicht durch das Aufwallen der Leidenschaften aus der Fassung gebracht. Dann wird dieses Dorf, wenn es voller Liebe und gegenseitiger Hilfsbereitschaft ist, zum Vorbild für die ganze Gegend werden.

Budili Village, 9.11.1959

Sieg und Niederlage

Ich kenne zwar diese Gegend und diese Stadt, aber die meisten von euch sehen mich zum ersten Mal. Wenn es gutes Essen gibt, wird der Tag zu einem Festtag. So ist es auch ein Fest für die Schüler ebenso wie für die Eltern und alle, die am öffentlichen Leben teilnehmen, wenn die sportlichen Gebietsmeisterschaften abgehalten werden. Ihr seid alle fröhlich und vergeßt die Last des Alltags. Ihr habt den Spielen und Wettkämpfen zugeschaut und seid vom Eifer und der Begeisterung der Teilnehmer mitgerissen worden. Die Schüler, die hier vor uns sitzen, sind das Material, aus dem das Indien von morgen geformt wird. Die Lehrer, die auch hier sind, können sich glücklich preisen, denn ihnen hat das Schicksal eine vornehme Aufgabe zugewiesen: sie haben die großartige Möglichkeit, auf angenehme Art und Weise dem Wohl aller zu dienen, indem sie ihre Zeit in der Gesellschaft fröhlicher, unschuldiger Kinder verbringen. Der Vater, die Mutter und der Lehrer, diese drei sind in erster Linie für das Formen der Zukunft des Landes verantwortlich. Unter diesen ist es der Lehrer, der die entscheidende Rolle spielt, denn er ist für diese Aufgabe besonders ausgebildet und ausgewählt worden. Er hat sie freiwillig auf sich genommen und muß sie daher nach bestem Wissen und Gewissen und ohne Widerspruch ausführen. Das Kind, die Eltern und auch die Öffentlichkeit vertrauen ihm blindlings, und dieses Vertrauen muß durch eine ehrliche Dienstleistung gerechtfertigt werden. Die Kinder und die Allgemeinheit ehren und respektieren ihn als *Guru*, mit der vollen heiligen Bedeutung dieses Wortes. Er mag arm sein und von denen in hohen Stellungen wenig geachtet werden, aber die Genugtuung, die ihm seine stille, schöpferische Arbeit bringt, ist Lohn genug. Wie groß die Herausforderung auch sein mag, er sollte niemals seine Schüler beschimpfen, sondern sie immer segnen. Wenn er flucht wie ein Fuhrknecht, erniedrigt er sich selbst.

Er sollte den strengsten Maßstab an sein Verhalten anlegen und prüfen, ob er eine Angewohnheit oder einen Charakterzug besitzt, der, wenn er von den Schülern nachgeahmt wird, schädlich sein könnte. Er sollte die Anweisungen, die er gibt, selbst befolgen. Andernfalls gibt er ein Beispiel der Heuchelei, das die Kinder die Schlauheit lehrt, nicht ertappt zu werden. Die Ursache von Heuchelei ist Charakterschwäche und Feigheit. Wenn ihr den Mut habt, die Folgen eurer Handlungen auf euch zu nehmen, werdet ihr niemals lügen.

Der Lehrer sollte nicht versuchen, die Disziplin durch das leichtere Mittel der Furcht aufrecht zu erhalten, denn das kann viele gefährliche Folgen für die Kinder haben. Er sollte vielmehr den Weg der Liebe gehen. Lehrer müssen sich der Disziplin der Meditation und der Rezitation des Namens Gottes unterziehen; das gibt ihnen die so dringend benötigte innere Ruhe. Sie sollten eine Atmosphäre schaffen, in der ein einfaches Leben mit hohen Idealen verbunden ist, denn die Schüler nehmen sie unbewußt als Vorbilder an und beginnen, sie nachzuahmen. Sie sollten der heranwachsenden Jugend die Reichtümer weitergeben, die vergangene Generationen in Form von spirituellen Disziplinen und Entdeckungen angesammelt haben. Lernt diese Dinge selbst, und lehrt sie dann die euch anvertrauten Kinder. Das erlaubt euch, den Dank abzustatten, den ihr den Weisen der Vergangenheit schuldet. Ich weiß, daß, wenn die Saat bitter ist, die Ernte nicht süß sein kann. Es sind jedoch auch unter der Beschränkung der heutigen Lehrpläne und Studienkurse gewisse Dinge möglich.

Das untrügliche Zeichen dafür, daß es geregnet hat, ist die Nässe auf dem Boden. In gleicher Weise sind gute Manieren ein Zeichen desjenigen, der einige Jahre Schulbildung genossen hat. Er muß bescheiden sein und wissen, daß das Reich des Wissens unendlich ist und daß er noch nicht einmal in seine Randgebiete eingedrungen ist. Er muß sich der Brüderlichkeit aller Menschen bewußt und immer bereit sein, fröhlich und ohne Verlangen nach öffentlicher Anerkennung, anderen zu helfen. Gott ist die bewegende Kraft in jedem einzelnen. Er ist der Urgrund aller guten Impulse und jeder Hilfsbereitschaft. Ihr seid alle Perlen, die auf einem Faden aufgereiht sind, und der Faden ist Gott. Haß ist häßlich, unnatürlich und unmenschlich. Er widerspricht dem innersten Kern der Liebe, der in jedem vorhanden ist. Respektiert immer die Meinung und den Gesichtspunkt des anderen. Nehmt nicht jede kleine Meinungsverschiedenheit als Anlaß zu einem Streit. Der andere mag recht haben, nicht ihr. Bedenkt seine Argumente. Er mag ebensoviel wie ihr über die Angelegenheit wissen, oder ihr mögt voreingenommen sein. Denkt daran, daß Meinungsverschiedenheiten nicht persönlichen Gefühlen entspringen.

Eines müßt ihr besonders beachten: Ehrt eure Eltern und die Dorfbewohner, unter denen ihr aufgewachsen seid. Seid euren Eltern dankbar für ihre Sorge und für die Opfer, die sie euch zuliebe auf sich genommen haben. Seid auch dem Dorf dankbar, in dem ihr das Licht der Welt erblickt habt. Was nützt es, wenn ihr den Ort, an dem ihr geboren seid und der euch in eurer Jugend mit seiner Liebe umgeben hat, verlaßt und eure Dienste einem anderen Ort zugute kommen laßt. Richtet eure Aufmerksamkeit immer auf euer Dorf, und sucht Mittel und Wege zu finden, die Verhältnisse in eurem Heimatort zu verbessern. Das ist ein Zeichen der Dankbarkeit, die ihr zeigen müßt.

Ihr müßt natürlich alles lernen, was der Lehrplan vorschreibt, aber zu gleicher Zeit auch das Prinzip der uralten, göttlichen Ordnung *(sanātana dharma)*. Schiebt letzteres nicht als veraltet beiseite, weil es seinen Ursprung in grauer Vorzeit hat. Es hat die Feuerprobe der Jahrhunderte bestanden und ist in der Lage, euch auch heute noch Frieden und Freude zu vermitteln. Es ist wie eine liebende Großmutter, die es drängt, euch mit leckeren Speisen zu füttern, die sie bestens zu bereiten weiß. Ihr wollt doch nicht, daß eine solche Großmutter stirbt, weil sie vernachlässigt wird! Es war einmal ein Geizhals, der in einem Haus mit einem undichten Dach wohnte. Das Regenwasser strömte ins Haus, aber er ließ sich davon nicht stören. Die Nachbarn lachten ihn aus und rieten ihm, das Dach reparieren zu lassen. Aber wenn es regnete, sagte er: „ich muß warten, bis der Regen aufhört. Wie kann ich es jetzt reparieren?“ Und wenn die Sonne schien erwiderte er: „Warum soll ich mir Sorge machen um das undichte Dach? Der Regen hat ja aufgehört.“ Wartet nicht, bis es regnet und das Wasser von der Decke tropft. Repariert das Dach jetzt sofort, denn der Regen wird bestimmt kommen. Das bedeutet: beginnt sofort damit, euch mit den grundlegenden spirituellen Schriften und Lehrbüchern vertraut zu machen. Im spirituellen Bereich ist es niemals zu früh. Beginnt heute noch mit der ersten Lektion, welche sich mit der Meditation, dem Gebet und der Rezitation der Namen des Herrn befaßt.

Jetzt bildet ihr euch etwas darauf ein, wenn ihr auffallende Kleidung tragt und dadurch den Neid der Kleineren erweckt, die sich so etwas nicht leisten können. Aber das einzige, worauf ihr wirklich stolz sein könnt, ist, wenn es euch gelingt, eure Gedanken und Gefühle zu beherrschen und eure Wunschträume in gesunde und anständige Bahnen zu lenken, auch wenn ihr dadurch den Spott sogenannter Freunde auf euch zieht. Das ist wirkliche Freiheit und wirklicher Erfolg. Wenn ihr diese Stufe erreicht habt, seid ihr wie ein guter Fahrer, dem man das Lenkrad auf jeder Straße und in jedem Fahrzeug, wie wertvoll die Ladung auch sein mag, anvertrauen kann. Dann werdet ihr weder euch selbst, noch anderen Schaden zufügen und verdient es, ein Führer zu sein.

Bemüht euch ernsthaft darum, mehr über die Kunst eines fröhlichen, glücklichen Lebens ungetrübter Freude zu erfahren. Man kann auf diesem Wege nur Schritt für Schritt vorankommen, und es besteht die Gefahr, zwei Schritte zurückzugleiten, während man einen Schritt vorwärts macht. Worauf es ankommt, ist die Entschlossenheit, den Gipfel zu erreichen, der Neigung, abzugleiten, Widerstand zu leisten, das innere Verlangen, Fortschritte zu machen und die niedrigeren Impulse und Instinkte zu überwinden. Wenn ihr dies habt, werden Quellen verborgener Kräfte in euch frei werden, und die Gnade des Herrn wird euren Weg ebnen. Behaltet das Ideal vor Augen und geht vorwärts. Der Schüler von heute ist morgen Lehrer und später Schulvorstand. Wie ist das möglich? Durch Studium und Charakterbildung! Nur denjenigen, die hohe Ideale hatten, bewahrt die Nachwelt ein ehrenhaftes Andenken. *Rāma* wird verehrt und angebetet, während *Rāvana* verabscheut wird. Warum? Wegen ihrer Charaktereigenschaften.

Habt den Fortschritt eures Landes, eure göttliche Bestimmung und euer wirkliches Selbst immer vor eurem geistigen Auge. Laßt das Bedürfnis, diesen drei zu dienen, in euch stärker und stärker werden. Dann wird euer Studium Sinn haben und euch das Gefühl geben, daß ihr eure Bestimmung erfüllt. Ihr werdet lernen, die Sünde und alles Niedrige abzulehnen, Gott zu fürchten, die Älteren zu respektieren und an euch selbst zu glauben.

Noch eines: Tut nichts, was Tränen in die Augen eurer Eltern bringen könnte. Ehrt sie und gehorcht ihnen. Verurteilt sie nicht als altmodisch. Sie haben mehr Erfahrung mit der Welt und ihren Fallstricken.

Anjanappa und andere haben mich nun gebeten, die „bahumatis", d.h. die Preise an euch zu verteilen. Aber „bahumati" bedeutet auch geistige Zerstreutheit, die ich niemals billigen würde. Ich bestehe auf *„ekāgratā"*, geistiger Konzentration auf einen Punkt. Anjanappa bat mich, euch zu segnen. Mein Segen verleiht Glückseligkeit. Diese kann nur durch höchste Konzentration gewonnen werden. Ich bin nicht für solche Wettbewerbe, denn durch die Preise und die Punktbewertung wird der Egoismus gefördert. Ich bin jedoch sicher, daß sich keiner von euch durch Überheblichkeit oder Niedergeschlagenheit beeinflussen läßt. Nehmt sowohl Niederlage als auch Sieg gelassen hin. Letzteres ist eine sehr schwierige geistige Übung. Der Sieger muß dem Verlierer für seinen Sieg dankbar sein, denn mit ein wenig mehr Anstrengung hätte auch er den Preis gewinnen können. Die Verlierer, die Kopf an Kopf mit euch gerannt sind, haben euch angespornt, schneller zu sein. Dieser Ansporn half euch, euer Bestes zu geben und dadurch den Preis zu gewinnen.

Und nun zu den Besiegten: Verliert nicht euer Selbstvertrauen. Meßt weder dem Sieg noch der Niederlage zuviel Bedeutung bei. Selbst wenn ihr in Prüfungen versagt, laßt euch nicht von Verzweiflung überwältigen und kommt nicht auf den Gedanken, Selbstmord zu begehen. Dazu ist das Leben viel zu wertvoll. Ihr seid für viel größere Dinge geboren, als Prüfungen zu bestehen. Seid tapfer und geduldig. Wenn ihr eine Prüfung, die nur eine Seite eurer Intelligenz prüft, nicht besteht, ist nicht alles verloren. Das Erreichen eurer Bestimmung hängt nicht von den Noten ab, die ihr in Prüfungen bekommt. Es hängt viel mehr von eurem Charakter, eurer Willenskraft und der Gnade Gottes ab.

Der Schulvorstand hofft, daß diese Schule zur Mittelschule erweitert wird. Ich gebe meinen Segen, daß dies bald geschehen wird, und daß diese Schule zu einer Quelle des Lichtes und der Kultur für die ganze Gegend wird.

Madakasira, 25.11.1959

Der Mensch und sein Denken

Dr. Bhagavantam hat mich gebeten, jetzt zu euch zu sprechen, aber ich halte keine Reden, sondern unterhalte mich mit euch. Ich halte keine öffentlichen Vorträge oder Ansprachen vor Versammlungen wie so viele, die soeben gesprochen haben. Ihre Reden waren ein Fest für die Ohren. Meine Unterhaltung mit euch wird dagegen eine „Medizin für den Geist" sein. Sie halten Reden, ich verteile Heilmittel. Deshalb müßt ihr das, was ich sage, aufmerksam in euch aufnehmen, ohne auch nur ein Wort davon zu verlieren.

Wenn ihr gefragt werdet: „Wo ist Gott?", Dann deutet ihr im allgemeinen zum Himmel und sagt: „Er ist dort", als ob er eine Person mit einem bestimmten Wohnsitz sei. Aber jeder einzelne Mensch ist Gott. Den *Shāstras* zufolge gibt es also drei Millionen Götter, und nach der heutigen Schätzung der Weltbevölkerung noch viel mehr. Daß diese Manifestationen Gottes sich für nichts anderes als nur Menschen halten, ist eine Folge der Täuschung durch die Erscheinungsformen. Um diese Täuschung zu überwinden, gibt es verschiedene Verfahren, die den Bedürfnissen der Getäuschten angepaßt werden können. Alle richten ihre Anstrengungen darauf aus, die Gotteserfahrung zu machen und die Vorstellung, jene begrenzte, gebundene Wesenheit zu sein, die Mensch genannt wird, aufzugeben. Das ist die Ernte, die mit Hilfe all der verschiedenen Methoden eingebracht wird. Solange man sich selbst nicht versteht, kann die Täuschung und das sich daraus ergebende Leiden kein Ende nehmen.

Ihr müßt auch wissen, daß ihr mich und mein Geheimnis (von dem Dr. Bhagavantam und euer Rektor soviel gesprochen haben) nicht verstehen könnt, ohne euch selbst verstanden zu haben. Wenn ihr zu schwach seid, um eure eigene Wirklichkeit zu begreifen, wie könnt ihr dann hoffen, das viel gewaltigere Ereignis meines Kommens zu verstehen. Wenn ihr meine Bedeutung erfassen wollt, müßt ihr alle gegenwärtigen Zweifel und Theorien hinter euch lassen und nur nach der Vervollkommnung selbstloser Liebe streben. Ich, die Verkörperung der Liebe, kann nur durch Liebe selbst verstanden werden. Die übernatürlichen Ereignisse und Wunder, von denen Dr. Bhagavantam sagt, daß sie mit Hilfe der Wissenschaften nicht erklärt werden können, sind für mich so natürlich, daß ich lächeln muß, wenn ihr sie als Wunder bezeichnet. Der Herr hat angekündigt, daß er kommen werde, um die göttliche Ordnung wiederherzustellen und daß er menschliche Gestalt annehmen werde, damit alle zu ihm kommen und die erhebende Erfahrung machen können, ihn als Gefährten und Lehrmeister zu erleben. Und der Herr ist gekommen, wie er es verkündet hat.

Für diejenigen, die von Geist *(mind)*, Verstand und Ego beherrscht werden, ist alles, was außerhalb des Gesichtskreises dieser drei liegt, ein Rätsel. Es gibt eine Grenze, die der Verstand nicht überschreiten kann. Deshalb muß die göttliche Macht, um auf menschlicher Ebene verstanden zu werden, sich in den täuschenden Schleier der Erscheinungsformen *(māyā)* hüllen.

Dieses Land *Bhārat* ist die Wiege spiritueller Wissenschaft. Jeder Mann, jede Frau, jedes Kind in diesem Land ist ein Student dieser Wissenschaft. Jeder einzelne hier hat ein Anrecht darauf, in diese höchste aller Wissenschaften eingeweiht zu werden. Deshalb muß dieses uralte Erbe an jeden Jungen und jedes Mädchen in diesem Land weitergegeben werden und nicht nur an die Studenten, die ein College wie dieses hier besuchen.

In dieser spirituellen Wissenschaft ist im Laufe der Geschichte die eine oder andere Methode stärker betont worden. Zu einer gewissen Zeit stand die mystische Formel *(mantra)* im Vordergrund, dann die rituelle Opferhandlung *(yāga)*, später war es der Weg der Meditation *(yoga)* und noch später, nach dem Aufkommen des Buddhismus und seiner Ausbreitung in ganz Indien und darüber hinaus, war es die Verehrung der Schöpferkraft Gottes *(tantra)*. Letztere wurde von *Shankara* gefördert, und auch Kālidāsa hielt sie für wichtig. Diese Art der Verehrung kam durch die Inspiration tantrischer Gelehrter zur Blüte und dominierte für Jahrhunderte das spirituelle Leben des Landes. „*Tantra*" bedeutet nur: „Das, was mit Sicherheit rettet", und man braucht das nicht zu rechtfertigen. Es ist nur ein anderer Weg, der zum Einswerden mit dem Göttlich-Absoluten *(brahman)* führt. Sir John Woodroffe hat in seinen Büchern gezeigt, daß *„tantra"* eine systematische Disziplin ist, die durch Verwendung von Sinnbildern und durch unbewußte Umwertung versucht, die Instinkte zu läutern und den Geist *(mind)* zu beherrschen. Er hat wesentlich dazu beigetragen, die Vorurteile zu beseitigen, die viele *„tantra"* gegenüber hatten. Es ist eine spirituelle Wissenschaft, die auf dem weiblichen Aspekt Gottes *(shakti)* basiert und die eine wesentliche Rolle für den spirituellen Fortschritt des Menschen spielt.

Ihr müßt eure geistige Haltung überprüfen und feststellen, ob ihr Unterscheidungsvermögen *(viveka)* und höheres Wissen *(vijnāna)* dazu benutzt, euch von der Bindung an vergängliche Dinge zu befreien. Es besteht kein Mangel an Büchern, die euch sagen, wie ihr frei werden könnt. Die *Gītā* gibt es in allen Sprachen, und man kann sie für sehr wenig Geld erwerben. Tausende von Exemplaren des *Bhagavatam*, des *Rāmāyana* und anderer Bücher dieser Art werden täglich verkauft, aber nichts deutet darauf hin, daß sie gelesen werden und ihr Inhalt verstanden wird. Der Atem verrät, was man gegessen hat. Aber die Gewohnheiten, das Verhalten, der Charakter derer, die diese Bücher gelesen haben, zeigen keinen Ansatz zur Besserung. Egoismus und Habgier herrschen immer noch vor; der Haß ist nicht überwunden, und Neid zerfrißt die Eingeweide der Menschen.

Schlagt meine Worte nicht ebenso leichtfertig in den Wind. Sagt nicht: „Wir haben Sai Baba gesehen und seine Rede gehört. Es war sehr nett." Entscheidet euch, mindestens einen Ratschlag für euren spirituellen Fortschritt zu befolgen. Es ist falsch, den Körper durch irgendeine schlechte Handlung zu beschmutzen oder ihm zu erlauben, sich in schlechte Gesellschaft zu begeben. Heiligt den Körper, heiligt jede Handlung, indem ihr immer hohe Ziele verfolgt. Ich gebe euch nicht einen Befehl aufgrund meiner Autorität, sondern meine Worte kommen aus der Fülle meiner Liebe, aufgrund des Rechtes, das ich habe, euch zu züchtigen und auf den rechten Weg zu führen.

Ich weiß, daß die Älteren unter euch, die selbst die Pflege höherer Tugenden und die Meditations- und Rezitationsübungen vernachlässigen, darüber hinaus das Verbrechen begehen, ihre Kinder auszulachen, die fühlen, wie lieblich der Name des Herrn ist und deshalb gute

Gesellschaft, hohe Ideale und spirituelle Unterweisung suchen. Sie bezeichnen solche Jugendlichen als schwachsinnig und versuchen, sie auf ihre eigene, spezielle Weise zu kurieren. Dieser „Schwachsinn" der Kinder ist jedoch bestimmt besser als der Wahnsinn des Luxus, des Spielens, des Trinkens und der Unmoral, der das einzige Vermächtnis ist, das die Eltern ihren Kindern hinterlassen.

Euer Studium hier muß der Entwicklung eurer Intelligenz dienen und nicht euren Egoismus fördern. Diskutiert nicht um der Diskussion willen. Das führt nur zu trockener Gelehrsamkeit und zu intellektueller Überheblichkeit. Das Verlangen, Kritik zu üben, ist eine Krankheit des Intellekts, und es muß im Keime erstickt werden. Prüft das, was euch nicht gefällt, gründlich und mit großer Sorgfalt. Zieht keine voreiligen Schlüsse, weder positiver noch negativer Art. Dadurch würdet ihr den hoch bewerteten Anspruch, ein „Denker" zu sein, und die Verantwortung, die ihr euch selbst gegenüber habt, aufgeben. Selbst die Sonne, die so weit von der Erde entfernt ist, kann, wenn ihre Strahlen durch ein Vergrößerungsglas auf einen Punkt konzentriert werden, einen Gegenstand in Brand setzen. Konzentriert alle eure Fähigkeiten der Beobachtung und Beurteilung auf eine Frage, und die Antwort wird euch mit Sicherheit offenbart werden.

Die Welt selbst ist in ständigem Aufruhr. Wie könnt ihr da ein friedliches, ausgeglichenes Leben führen? Es ist, als ob ihr ohne Anker auf dem Meer treibt und von den Wogen der stürmischen See herumgeworfen werdet. Unter diesen Umständen ist es das beste, die Tatsache zu erkennen und sich über das Unvermeidliche keine Sorgen zu machen.

Der Mensch sollte Herr seiner Gedanken sein. Wenn die Leute zu mir kommen und klagen, daß sie sich nicht konzentrieren können, muß ich über ihre Schwäche lachen, denn selbst der Fahrer eines Wagens ist ein Meister in der Kunst der Konzentration. Er schenkt dem Gerede des Beifahrers und der Leute auf den Rücksitzen keine Beachtung. Seine ganze Aufmerksamkeit ist auf die Straße vor ihm gerichtet. Wenn ihr eure Gedanken beherrschen könnt, ist die Schlacht schon mehr als halb gewonnen. Darum fragt *Krishna* in der *Gītā Arjuna*: „Hast du das, was ich gesagt habe, mit ungeteilter Aufmerksamkeit aufgenommen?" Da *Arjuna* ein guter Schüler war, konnte er antworten, daß er selbst auf dem Schlachtfeld, inmitten der aufmarschierten Armeen, den Worten des Herrn mit äußerster Konzentration gelauscht habe. Lernt diese Konzentration, und euer Lernen wird euch Nutzen bringen.

Ich bin gebeten worden, die Bibliothek dieser Schule durch einen symbolischen Akt einzuweihen, indem ich diese Bücher dem Schulvorstand übergebe, damit er sie zu den anderen auf die Regale stellen kann. Kommt und lest die Bücher dieser Bibliothek. Erfreut euch an dem Vermächtnis, das große Weise und Philosophen euch mit ihren Lehren hinterlassen haben. Laßt auch die Kinder kommen und in den Büchern blättern. Die Bibliothek muß allen Menschen dieser Stadt zwischen 2 und 60 oder 70 Jahren einen Nutzen bringen. Sie ist nicht wie ein Krankenhaus, das nur von einigen wenigen aufgesucht werden muß. Die Bibliothek kann allen Nutzen bringen, und alle sollten Gebrauch davon machen. Die Weisheit, die in diesen Büchern enthalten ist, sollte jedes Haus in dieser Stadt erfüllen.

Durch eure Anstrengung und Begeisterung wird die Kenntnis des Sanskrit gefördert, und das wird der ganzen Welt zum Vorteil dienen. Erfüllt diese Verpflichtung, so gut ihr könnt, und der Herr wird euch seine Gnade zuteil werden lassen. Aber verwechselt die Technik nicht mit dem Ziel. Verliert euch nicht in trockener Gelehrsamkeit. Gelehrsamkeit und Lernen sind nur Mittel zu dem Zweck, den Geist zu beherrschen. Wendet euch von der Schöpfung dem Schöpfer zu.

Markandeya Sanskrit College, Aukiripalli, 22.1.1960

Die Welt - mein Wohnsitz

Diese Versammlung erinnert mich an das Meer, denn in dieser Halle sind Menschen aus allen Richtungen zusammengeströmt, um Gott nahe zu sein, Menschen, die Frieden und Zufriedenheit auf verschiedenen Wegen zu finden suchen. Es ist meine Aufgabe, euch Glückseligkeit zu bringen, und dazu bin ich immer bereit. Meine Sprache wird euch ein wenig Schwierigkeiten bereiten, denn ihr mögt Telugu nicht verstehen. Aber welche Sprache ich auch sprechen mag, es werden immer einige anwesend sein, die mich überhaupt nicht verstehen, gleichgültig, welcher Sprache ich mich bediene, und so werde ich Telugu sprechen.

Es gibt vier Fragen, mit denen sich der Mensch beschäftigen muß: „Wer bin ich? Woher komme ich? Wohin gehe ich? Wie lange werde ich hier sein?“ Die vier *Veden* geben die Antwort auf diese Fragen. Jede spirituelle Entwicklung beginnt mit diesen Fragen und mit dem Versuch, die Antworten darauf zu finden. Angenommen, ein Brief wird ohne Anschrift und ohne Absender in den Briefkasten geworfen. Er wird nirgendwo ankommen. Es war Zeitverschwendung, ihn geschrieben zu haben. Ebenso ist es Zeitverschwendung, in diese Welt geboren worden zu sein, ohne zu wissen, woher man kommt und wohin man geht. Der Brief wird als „unzustellbar“ vernichtet. Der Mensch wird im Kreislauf von Geburt und Tod gefangen und kann niemals den Weg zu sich selbst finden. Um das zu vermeiden, muß die Suche nach dem Göttlichen beginnen, und um die richtigen Antworten zu finden, sind spirituelle Anstrengungen notwendig. Die Antworten müssen Teil eurer Erfahrung werden.

Spirituelle Übungen müssen diszipliniert und systematisch in einer geheiligten Atmosphäre durchgeführt werden. Ebenso wie es in dieser Halle Ventilatoren gibt, um die Hitze erträglich zu machen, so daß ihr hier dicht gedrängt sitzen könnt, so sind die Ventilatoren der Wahrheit, der göttlichen Ordnung, des inneren Friedens und der Liebe notwendig, um die glühende Hitze der Unwissenheit, Falschheit, Ungerechtigkeit und Disziplinlosigkeit abzukühlen. In einer Welt, in der die göttliche Ordnung *(dharma)* auf Schritt und Tritt beleidigt und verleumdet wird, bilden innerer Frieden und Toleranz den Weg, auf dem der Mensch sich retten kann.

Das ist die Quintessenz dessen, was ich euch zu sagen habe und worauf ihr achten müßt. Laßt jede eurer Handlungen von Toleranz, Geduld und Hilfsbereitschaft bestimmen. Pflegt in eurem Familienleben Geduld und gegenseitige Achtung. Verwirklicht die Gerechtigkeit der göttlichen Ordnung *(dharma)* in der Gemeinde, und haltet das Ideal des Friedens hoch unter den Nationen. Es wird gesagt, daß der Körper der Tempel Gottes sei. Nun, die Welt ist der Körper Gottes. Der Stich eines Dornes in die Zehe wird von dem Selbst sofort als Verletzung erkannt, denn der Zeh ist Teil des Körpers dieses Selbst. So wird auch der Herr von dem Leiden in einem Teil der Welt ebenso berührt wie von dem Leiden in einem anderen. Als der Staat Andhra gebildet wurde, sagte mir jemand, daß ich nun nicht mehr ein Bürger von Madras, sondern von Andhra sei. Ich erwiderte ihm, daß die ganze Welt mein Wohnsitz ist und daß Andhra und Madras Räume in meinem Wohnhaus sind. Die Welt ist ein Tempel, der Tempel des Herrn, sein Körper, in dem er wohnt.

Als ich auf dem Wege hierher durch die Straßen fuhr, sah ich verschiedene Plätze und Gebäude geschmückt und vorbereitet für den Gottesdienst, in dem die heiligen Texte und Schriften ausgelegt werden. Viele Gläubige drängten sich, um die Predigten zu hören und Lieder zum Lobe Gottes zu singen. Dennoch greift der Atheismus um sich, und die Zahl der Menschen, die Gott leugnen und diejenigen, die Gottsucher verhöhnen, nimmt zu. Warum? Nahrung zu sich zu nehmen, garantiert noch nicht die Verdauung. Nur das Umsetzen in die Praxis, selbst eines Bruchteiles dessen, was man gehört und gelesen hat, vermittelt Frieden und Glück.

Was heute gebraucht wird, ist Anstrengung, Mut und Glauben. Ihr müßt euch anstrengen, einer ausgewogenen Disziplin zu folgen, die ihr von einem Meister, der auf diesem Gebiet Erfahrung besitzt, übernehmen müßt. Um euren Mut zu stärken, müßt ihr euch eurer eigenen Bedeutung bewußt sein. Bezeichnet euch nie als Sünder, der in Sünde geboren wurde, aufgewachsen und ihr verfallen ist. Nein, diese Art der Selbstverdammung steht einem Kinde Gottes schlecht an. Die bewegende Kraft, die eigentliche Seele in jedem einzelnen von euch ist Gott. Wie könnt ihr schlecht sein, wenn ihr hier seid, um Gottes Plan, entsprechend seinem Wunsch und Willen, zu erfüllen? Er hat euch viele Fähigkeiten gegeben, damit ihr nach ihm suchen und ihn erreichen könnt. Ihr seid deshalb keine hilflosen, vernachlässigten Geschöpfe, die zum Tode verurteilt sind. Ihr seid Kinder der Glückseligkeit, Erben eines großen Vermächtnisses, das euch gehört, wenn ihr darum bittet. Aber ihr bittet nicht darum! Glaubt an eure Bestimmung, und widmet euch fröhlich und mit Beständigkeit der Aufgabe, sie zu erfüllen.

Frömmigkeit *(bhakti)* ist nichts anderes als Liebe zu Gott. Man muß nicht der Welt entsagen, um sie zu entwickeln. Bringt ein Samenkorn, soweit es auch vom Wind getragen werden mag, einen anderen Baum hervor als den, von dem es kam? Aber wenn das Samenkorn gekocht wird, kann es nicht keimen und als Baum die Erde beschatten. In ähnlicher Weise kocht eure Instinkte und Impulse und verbrennt euer weltliches Verlangen, damit sie unwirksam werden und euch nicht zu ihrem Sklaven machen. Das wird euch näher zu Gott führen, wo ihr auch sein mögt. Als das Meer der Milch von den Göttern und Dämonen gequirlt wurde, brachte es die Kuh der Fülle, den Baum, der alle Wünsche erfüllt, die Göttin des Wohlstandes und Indras Elefanten mit den vier Stoßzähnen ebenso hervor, wie „hālāhala", das tödlichste aller Gifte. In ähnlicher Weise bringt auch der Geist, wenn er täglich von den Kräften des Guten und Schlechten beeinflußt wird, Gutes und Schlechtes hervor. Das Schlechte tritt in Erscheinung, wenn der Geist sich weltlichen Vergnügungen zuwendet und sich in den Niederungen von Habgier und Neid, von Lust und Stolz verliert.

Wenn der Löwe vom Schlaf erwacht und sein Gebrüll ertönen läßt, ergreifen alle kleinen Tiere, die sich bis dahin in Sicherheit gewiegt haben, die Flucht. So werden auch alle niederen, tierischen Instinkte, die in der Dunkelheit einherstolzierten, die Flucht ergreifen, wenn ihr erwacht und mit jedem Atemzug des Herrn gedenkt. Ihr habt das Göttlich-Absolute, das jenseits von Raum und Zeit liegt, in eurem eigenen Herzen. Wenn ihr durch das Rezitieren des *„OM"* oder durch irgend eine andere Übung Verbindung damit aufnehmt, werden wilde Gedanken und Impulse es nicht wagen, euch zu belästigen. Wenn ihr euch der Gnade Gottes vergewissert, kann euch kein böser Geist etwas anhaben. Selbst die schlechten Einflüsse der allerungünstigsten Konstellation der Sterne, mit denen euch die Astrologen Furcht einjagen, werden sich augenblicklich in Nichts auflösen. Es gibt zwei Vorschriften, die befolgt werden müssen, um dieser Gnade teilhaftig zu werden: Sprich liebevoll mit jedem, und sage immer die Wahrheit. Liebe ist das Wichtigste. Ständige Selbstkontrolle ist das Rad, das gedreht werden muß, um das Licht der Liebe zum Leuchten zu bringen. Bis die Liebe sich entfaltet, seid ihr in die Dunkelheit des Hasses verbannt, wo selbst das geringste Geräusch Furcht einflößt und Verdacht erregt.

Gebt euch niemals der Trägheit und der Verzweiflung hin. Erduldet fröhlich jeden Kummer und Verlust. Solche Erfahrungen tragen dazu bei, euren Charakter zu festigen. Diamanten werden im Felsen gefunden; um Gold zu gewinnen, müßt ihr die Ader sprengen! Haltet euch streng an die Anordnungen des Arztes, damit die Medizin ihre volle Wirkung entfalten kann. Wenn ihr *Puttaparthi* oder andere heilige Orte besucht, wird die Batterie eures „Autos" aufgeladen. Das sollte zumindest das Ziel der Pilgerfahrt sein. Ladet die Batterie hier durch spirituelle Übungen *(sādhana)* auf, aber laßt das Auto nicht still stehen, wenn ihr nach Hause kommt. Wenn ihr das tut, wird die Batterie sich entladen. Wenn ihr jedoch den Wagen benutzt, wird sie immer wieder aufgeladen. So ist auch das Aufladen hier wertlos, wenn ihr nicht zu Hause fortfahrt, spirituelle Übungen wie die Rezitation des Namens *(nāmasmarana)* und das Singen zur Ehre Gottes *(bhajan)* zu praktizieren, wenn ihr nicht gute Werke tut und gute Gesellschaft aufsucht *(satsanga)*.

Ich bin nicht gekommen, um durch Propaganda und Reklame Schüler und Nachfolger um mich zu versammeln. Ihr gehört mir und ich gehöre euch. Wozu braucht man da noch Propaganda? Ich halte keine Vorträge, sondern gebe euch Mixturen zur geistigen Gesundung und moralischen Stärkung. Nehmt also meine Worte als Medizin, die für eure Gesundheit notwendig ist.

Gokhale Hall, Madras, 25.6.1960

Die verborgene Wahrheit

Dieses Leben, das mit Tränen beginnt, muß mit einem Lächeln enden. Als ihr kleine Babys wart, haben alle um euch herum gelächelt, während ihr weiter geweint habt. Wenn ihr sterbt, werden die anderen Tränen der Trauer vergießen, ihr aber solltet in stiller Hingabe lächeln. Ihr müßt die Sinnesfreuden allmählich hinter euch lassen und an den höheren und beständigeren Freuden Gefallen finden, die der Tiefe eurer eigenen Persönlichkeit entspringen. Verehrende Liebe zu Gott *(bhakti)* ist das Wichtigste auf dem *Yoga*-Pfad. Sie ist die Hauptsache und die Krönung. Innere Ausgeglichenheit *(shānti)* und Zufriedenheit *(santosha)* sind ebenso notwendig.

Das Feuer von Freud und Leid brennt, solange der Brennstoff impulsiven Verlangens dem Geist *(mind)* zugeführt wird. Unterbindet die

Zufuhr des Brennstoffs, und das Feuer verlöscht. Überwindet das Verlangen, den Drang, die Kraft der Impulse, und ihr werdet euer eigener Herr sein. Durch *Yoga* wird dies mit Hilfe bestimmter geistiger und körperlicher Übungen erreicht. Aber die Liebe zu Gott *(bhakti)* ist ein leichterer Weg zu diesem Ziel. Das Rezitieren des Namens Gottes genügt. Es wird gesagt, daß der Name Sītārāma im *„tretāyuga"* und Rādheshyāma im *„dvāparayuga"* genügte. Ich kann euch sagen, daß im *„kaliyuga"* jeder Name die erlösende Kraft besitzt.

Wenn ihr Rādheshyāma rezitiert, dann solltet ihr bei der Bedeutung des Namens verweilen. Ihr müßt das tiefere Geheimnis des Wortes vor eurem geistigen Auge haben, dann wird diese Übung schneller zum Ziel führen. *Rādhā* ist nicht nur eine Frau. Der Name symbolisiert die Erde, die Schöpfung. *Krishna*, auch „Shyāma" genannt, ist der Schöpfer, das aktive Prinzip *(purusha)*, die bewußte Energie. Diese Energie *(shakti)*, Gott, die Weltseele *(paramātman)* ist das Meer, die individuelle Seele *(jīvī)* ist die Welle. Die Form, die Gewalt, das Brausen der Woge entstammen dem Meer und verschwinden wieder im Meer. Dieses Verschwinden des Namens und der Form der Woge, d.h. das Einswerden der Woge mit dem Meer, von dem sie sich scheinbar unterschieden hatte, wird Erlösung *(moksha)* genannt. Erlösung ist mit anderen Worten: die Auflösung der Individualität.

Wenn ihr die Namen des Herrn singt *(bhajan)*, müßt ihr euch dieser verborgenen Wahrheiten, die in der tieferen Bedeutung liegen, bewußt sein. (Hier sang Baba ein in diesem Augenblick verfaßtes und komponiertes Lied, das die 16 Tugenden beschrieb, welche durch die Worte eines anderen Liedes zum Ausdruck gebracht werden sollen).

Diese Tugenden sind: 1. Frömmigkeit, 2. Die Fähigkeit, Leiden fröhlich zu erdulden, 3. Die Bereitschaft, dem Herrn zu dienen, 4. Unabhängigkeit von vergänglichen Werten, 5. Rechtes Verhalten, 6. Wohltätigkeit, 7. Das Achten auf einen guten Ruf, 8. Ein einwandfreier Charakter, 9. Zufriedenheit, 10. Ein tugendhaftes Leben, 11. Eine gute Schulbildung, 12. Weisheit, 13. Selbstbeherrschung, 14. Das Bestreben, ein wertvolles Glied der Gesellschaft zu sein, 15. Bescheidenheit und 16. Völlige Hingabe an Gott.

Ja, ihr müßt euch anstrengen. Ohne Anstrengung könnt ihr das Ziel nicht erreichen. Habt Vertrauen, daß ihr den endgültigen Sieg erringen werdet. Stärkt euren Mut und festigt euren Glauben auf jede nur mögliche Weise, und vermeidet deshalb den Kontakt mit denen, welche die Saat von Furcht und Zweifel säen. Bewahrt die Zuversicht, die ihr hier findet, und pflegt und beschützt sie sorgfältig. Laßt sie euch nicht entgleiten, sobald ihr durch dieses Tor geht. Die junge Pflanze muß sorgfältig gepflegt, bewässert, gedüngt und vor Insekten beschützt werden. Könnt ihr eine Prüfung bestehen, ohne euch vorbereitet zu haben? Das aber versucht ihr zu tun und hofft, daß es euch gelingt. Ihr müßt euch von der Bindung an vergängliche Dinge befreien, stark werden und die Versuchung überwinden.

Der Fisch fühlt sich im Wasser wohl. Wenn er aus dem Wasser geworfen wird, leidet er Todesqualen. So ist auch der Mensch nur glücklich, wenn er von Liebe, Frieden und Wahrheit umgeben ist. Das sind die Bestandteile des Wassers, die ihm Leben geben. Wenn er aus diesem Wasser geworfen wird, leidet auch er und ist unglücklich. Das Leben ist „aus dem Wasser geworfen sein". Spirituelle Übungen *(sādhana)* sind die Anstrengung, zurück in das lebenspendende Element zu springen. Verlaßt euch in diesem Kampf nicht auf andere. Verlaßt euch auf eure eigene Stärke und auf die Gnade Gottes. Denkt immer daran, daß *Rāma* (Gott) und *„kāma"* (Leidenschaft) nicht nebeneinander existieren können. Wo *Rāma* ist, ist *„kāma"* machtlos; wie könnte Raum für *Rāma* sein, wo *„kāma"* regiert? Jeder einzelne muß sein Leben auf der Liebe zu Gott aufbauen. Das ist der sicherste Weg, seine Gnade zu gewinnen.

Wenn ihr euch ununterbrochen anstrengt, wird euch der Herr selbst als Führer zu Hilfe kommen. Als Madhurakavi seine Gebete verrichtete, erschien vor ihm eine Säule aus Licht, die bis zum Himmel reichte, und in diesem Licht sah er Dakshināmūrti. Dann bewegte die Säule sich vorwärts, so daß er ihr folgen konnte, und führte ihn zu Nammalwar, der bereit war, sein *Guru* zu werden. Der *Guru* half ihm später, die Wahrheit zu finden. Vemana und *Tyāgarāja* machten ihre tiefsten spirituellen Erfahrungen mit Hilfe der Gnade Gottes und durch die Kraft, die sein Erscheinen ihnen gab. Betet zu ihm, und er wird sich euch zeigen. Er ist das Garn in dem Stoff, das Gold in der scheinbaren Vielfalt der Schmuckstücke; er ist das Wasser, das alle Wellen bildet. Wenn ihr das einmal erkannt habt, werdet ihr allen Liebe und Achtung entgegenbringen, denn alle sind eins mit dem Herrn.

Sprecht nicht zynisch über die, welche nach der Wahrheit suchen.

Was wißt Ihr, was im Herzen des Gläubigen vorgeht, daß ihr ihn so leicht verurteilt und ihn als übergeschnappt und nicht recht bei Sinnen erklärt? Sprecht nie über die Stufe spiritueller Entwicklung, die andere erreicht haben mögen, sondern verfolgt mit Ausdauer euren eigenen Weg. Seid mäßig im Reden, Schlafen und Essen. Scheut euch niemals, den Namen des Herrn zu lobpreisen, sondern seid froh, dadurch den besten Gebrauch von eurer Zunge machen zu können. Wenn ein Bildhauer einen Stein sieht, sieht er sofort die Schönheit der Form, die darin verborgen und gefangen ist, und er hat keine Ruhe, bis er diese Form von den Fesseln des Steines befreit hat. Seht den Stein nicht als Stein, seht Gott, die allem zugrunde liegende Wirklichkeit darin! Vemana pflegte nicht zum Tempel zu gehen und lachte diejenigen aus, die in den Bildern Symbole des Göttlichen sahen. Eines Tages jedoch, nachdem seine Tochter gestorben war, hielt er ihr Bild in seinen Händen und beweinte seinen Verlust. Da wurde ihm plötzlich klar, daß, wenn durch ein Bild Tränen des Kummers hervorgerufen werden können, bei denen, die um die wunderbare Schönheit und Herrlichkeit des Herrn wissen, auch Tränen der Freude durch ein Bildnis ausgelöst werden können. Das Bild dient nur dazu, euch an die Allgegenwart des Herrn zu erinnern. Der Herr ist die Sonne, und wenn seine göttlichen Strahlen in euer Herz fallen, ohne von den Wolken des Egoismus verdunkelt zu werden, dann kommt die Knospe der Lotosblume zum Erblühen und ihre Blätter entfalten sich. Denkt daran, daß nur die Knospen, die dazu bereit sind, erblühen werden, die anderen aber geduldig warten müssen.

In der Zwischenzeit bewegt den Namen des Herrn in eurem Herzen. Rezitation seines Namens ist das beste Heilmittel für alle Übel.

Akhanda Bhajana, Bangalore, 10.7.1959

Die beste Medizin

Die schwerste Krankheit ist innere Friedlosigkeit. Wenn der Geist gelassen in sich ruht, ist der Körper gesund. Jeder, der sich bei guter Gesundheit erhalten will, muß daher auf die Empfindungen, Gefühle und Motive achten, welche die Triebfedern seines Handelns sind.

Ebenso wie ihr die Wäsche regelmäßig zum Waschen gebt, so muß der Geist auch immer wieder vom Schmutz befreit werden. Wenn der Schmutz überhand nimmt und sich festsetzt, ist es schwierig für die Wäscherei und schadet der Wäsche. Reinigung sollte ein täglicher Prozeß sein, und ihr müßt darauf achten, daß kein Schmutz an eurem Charakter haften bleibt. Das bedeutet, daß ihr nicht die Gesellschaft derer suchen dürft, die euch durch Falschheit, Ungerechtigkeit, Disziplinlosigkeit, Grausamkeit und Haß beschmutzen. Die reinen Elemente sind Ehrlichkeit, Rechtschaffenheit, Friedfertigkeit und Liebe. Wenn ihr die reine Luft der letzteren einatmet, wird euer Denken von schlechten Bazillen befreit, und ihr werdet geistig fest und körperlich stark sein. *Vivekānanda* pflegte zu sagen, ihr solltet stählerne Nerven und eiserne Muskeln haben. Das soll heißen, daß statt Niedergeschlagenheit und Verzweiflung Hoffnung, Freude und Begeisterung eure ständigen Begleiter sein sollten.

Euer Herz sollte wie aus Glas sein, so daß die spirituelle Flamme im Inneren die äußere Welt erleuchten kann. Dann wird die äußere Welt entsprechend reagieren und euch in eurer dienenden, helfenden, mitfühlenden Haltung bestärken. Viele Leute lesen und studieren heute unverständliche vedantische Schriften aller Art und bemühen sich, mit Hilfe von Kommentaren, Anmerkungen und Übersetzungen deren Sinn zu verstehen. Die Medizin wird ihnen in den Hals geschüttet, aber sie ist wirkungslos, denn sie erreicht nicht das Herz. Die Lehren werden nicht in die Praxis umgesetzt. Die vedantischen Wahrheiten werden für die Öffentlichkeit zur Schau gestellt wie die Kostüme, die in einem Schauspiel auf der Bühne getragen, aber abgelegt werden, wenn der Schauspieler die Bühne verläßt. Die Leute halten sich im täglichen Leben nicht daran, und deshalb erfahren sie die Glückseligkeit nicht, welche diese Wahrheiten vermitteln können.

Spiritueller Fortschritt ist hauptsächlich eine Sache sorgfältig geplanter und zeitgerecht angewandter Disziplin. Das Ziel kann nicht durch einen kurzen Spurt oder auf Abkürzungen erreicht werden. Stufe um Stufe muß erklommen werden, wobei jede als Ausgangspunkt für die nächste dient. Heutzutage richtet niemand sein Leben nach einem der anerkannten Grundsätze aus. Das gilt sowohl für die Studenten als auch für die Eltern. Tugenden müssen in der Familie gepflegt werden. Jedes Glied der Familie sollte Freuden und Leiden der anderen teilen und nach Gelegenheiten suchen, dem anderen zu helfen. Diese Haltung muß zur Gewohnheit werden, dann wird sich der Charakter entsprechend bilden. Wie kann ein Gefäß gefüllt werden, das mit der Öffnung nach unten ins Wasser gehalten wird? Es muß sich nach oben öffnen, um die guten Impulse aufnehmen zu können. Ihr müßt euch mit jeder Lektion eingehend beschäftigen. Nur die Anwendung des Gelernten und ehrliches Bemühen führen zum Erfolg.

Wenn ihr in diesem Bemühen der höheren Macht vertraut, die bereit ist, euch zu helfen, wird die Arbeit leicht. Das ist das Ergebnis der liebevollen Hingabe *(bhakti)* an den Herrn, an die Quelle aller Macht. Wenn ihr mit dem Zug fahrt, braucht ihr nur einen Fahrschein zu kaufen, in den richtigen Zug einzusteigen und euch hinzusetzen. Den Rest überlaßt ihr der Lokomotive. Warum solltet ihr eure Decke und euren Koffer auf dem Kopf tragen, während ihr im Zug sitzt? Vertraut dem Herrn in gleicher Weise, und tut euer Bestes. Glaubt an den Herrn und seine Gnade. Versucht sie zu gewinnen, indem ihr das Gewissen und die Intelligenz benutzt, die er euch verliehen hat.

Ihr seid heute hier zusammengekommen, um den vierten Jahrestag des Sathya Sai Krankenhauses zu feiern. In diesem Zusammenhang möchte ich euch sagen, daß es das Beste und Klügste ist, dafür Sorge zu tragen, daß ihr nicht krank werdet. Der Bericht des Arztes, daß die Anzahl der ambulant und stationär behandelten Kranken ebenso wie die Anzahl der Operationen in diesem Jahr größer war als im vergangenen Jahr, klang so, als ob das ein Zeichen des Fortschritts sei! Das ist in meinen Augen keine Empfehlung für die Leute hier und für ihre Wertmaßstäbe. Das Krankenhaus sollte den Dorfbewohnern zeigen, wie sie Krankheiten vermeiden können und sie durch vorbeugende Maßnahmen dabei unterstützen. Entwickelt Selbstvertrauen! Das ist die beste Medizin. Ihr seid wiedergeboren worden, weil ihr in bestimmten Fächern die Prüfung nicht bestanden habt. Um den Lehrgang erfolgreich zu beenden, müßt ihr noch gewisse Erfahrungen machen. Wenn ihr überzeugt seid, daß ihr in Wirklichkeit das allgegenwärtig Göttliche *(ātman)* seid, dann habt ihr den Lehrgang beendet und die Prüfung bestanden.

Um diese Stufe zu erreichen, müßt ihr beginnen, das Gefühl für das Einssein aller Wesen zu entwickeln. Das ist schwierig, aber es ist der einzige Weg, der dazu führt, das Göttliche in allem zu sehen. Ein Mensch mit einer solchen Haltung wird es nicht fertig bringen, Tiere zu töten oder sie sogar zu jagen, um sie dann zu essen. Warum sollte jemand ein Tier verfolgen, ihm auflauern, ihm eine Falle stellen und dann Gefallen daran finden, es zu töten? Um das Göttliche in allen Wesen zu erkennen, müßt ihr selbstlose Liebe *(prema)* allen Wesen gegenüber empfinden lernen. Das Göttliche ist allgegenwärtig. Glaubt nicht, daß es nur unter Menschen einer bestimmten Klasse, Hautfarbe oder Religion zu finden sei, größer in den Dicken und strahlender in den Reichen. Es ist immer und überall da als Sein, Bewußtsein, Glückseligkeit *(sat-cit-ānanda)*.

Um sich diese Anschauung zu eigen zu machen, bedarf es großer geistiger Disziplin und spiritueller Anstrengung. Aber ihr könnt mit kleinen Dingen beginnen. Ihr könnt z.B. vermeiden, andere zu ärgern, nicht wahr? Selbst wenn ihr unfähig oder unwillig seid, anderen zu helfen, so könnt ihr doch vermeiden, ihnen Schaden zuzufügen. Das ist schon eine lobenswerte Hilfe. Nehmt eure Sprache, die Worte, die ihr sprecht, als Beispiel. Ich sage immer: gemäßigte Sprache führt zu gemäßigtem Denken. Darum empfehle ich, wenig zu reden und ruhige, freundliche Gespräche zu führen; kein Ärger, kein Zorn, keine Erregung. Solche Gespräche führen nicht zu Streit, verursachen keinen hohen Blutdruck und keine Spaltung. Sie fördern Liebe und gegenseitige Achtung. Lacht niemanden aus, weil er Gutes tut oder sich geistigen Übungen unterzieht. Fragt, aber beleidigt nicht. Achtet die Älteren und jene, die mehr Erfahrung haben. Und vor allen Dingen: respektiert das ehrliche Bemühen anderer. Benehmt euch anständig, wenn ihr in Gesellschaft seid, und verbreitet Freude um euch und das Gefühl der Brüderlichkeit.

Fördert das Wohlergehen eurer Gemeinde und der ganzen Menschheit. Betet, daß alle Menschen überall in Frieden leben können und ihre Bedürfnisse befriedigt werden. Bemüht euch, gut zu sein und Gutes zu tun. Da in dieser Veranstaltung das Krankenhaus im Mittelpunkt steht, muß ich euch noch etwas anderes sagen: Durch gesunde Kost und das Ablegen gewisser schlechter Gewohnheiten könnt ihr euch gesund erhalten. Mäßiges Essen und reine, natürliche Kost fördern innere Ausgeglichenheit und äußeres Glück. Viele nehmen schwer verdauliche Nahrung zu sich und essen zu viel, und sie müssen sich einschränken. Auch wenn ihr nicht raucht, vermeidet ihr viele Krankheiten, die eine Folge dieser nervösen Angewohnheit sind. Jedes Rausch- oder Anregungsmittel ist schädlich, denn es stört den gleichmäßigen Ablauf der Natur. Mäßigung im Essen, Mäßigung im Sprechen, Wünschen, Streben und Zufriedenheit mit dem wenigen, das durch ehrliche Arbeit verdient werden kann, das Bedürfnis, anderen zu helfen und Freude um sich zu verbreiten - das sind die wirkungsvollsten aller Heilmittel, die besten Beschützer der Gesundheit, welche die uralte Heilkunde des *Āyurveda* kennt.

Sathya Sai Hospital, Prashanti Nilayam, 21.9.1960

Sathya Sai Gītā (I)

Thirumalachar hat gerade die Sathya Sai Gītā vorgelesen und erläutert. Dabei hat er meinen Namen, *Sathya*, gebraucht, um die Wahrheit auszudrücken, die er erfahren hat. Viele Menschen sehen mich, aber nur wenige erkennen meine Bedeutung. So „sehen" auch viele die *Gītā*, d.h. sie lesen darin und lernen sie auswendig, aber nur wenige verstehen ihren Inhalt. Die *Gītā* muß aufgesogen, getrunken werden. Dann seid ihr freiheitstrunken, frei von den sinnlosen Bindungen an die Welt der Sinne. Das Aufgeben des Verlangens nach Dingen, an denen ihr Gefallen findet, die euch binden, umgarnen und versklaven, das ist die Freiheit der Entsagung *(vairāgya)*.

Die *Gītā* macht keinen Unterschied zwischen dem Mönch und dem, der im Leben steht. Sie spricht nicht über das Leben in diesem oder jenem Stand, sondern über die Grundlagen und tiefsten Probleme des Lebens. Sie ist seit Generationen von Mund zu Mund überliefert worden und empfiehlt nicht die „Flucht" in die Einsamkeit. Das ist die Botschaft der *Gītā* und die Botschaft, die ich bringe.

Gītā bedeutet „Lied". In *Brindāvan* spielt *Krishna* auf der Flöte, und er singt auf dem Schlachtfeld. In beiden Fällen ist es die Aufforderung an das vereinzelte Sein, in das Unendliche, das Universale einzugehen. Ob Friedhof oder Wallfahrtsort, beides sind für ihn Stätten, an denen er den Gläubigen Lehren erteilen kann. Und zwar meistens in Form eines Liedes, weil ihnen das am meisten zusagt.

Denkt daran, mit welcher Konzentration *Arjuna* ihm zuhörte! Seine Konzentration war nicht geringer als die der *„gopīs"*, die in *Brindāvan* die Botschaft der Flöte vernahmen. Er vergaß die sich gegenüberstehenden Armeen, seinen eigenen Haß und seine Kriegsbegeisterung und nahm die Botschaft gierig in sich auf. Wenn ihr auf dem „Schlachtfeld" eures Lebens eine solche Aufmerksamkeit entwickelt, dann könnt ihr mit Sicherheit die für euch bestimmte *Gītā* verstehen, sei es die *Bhagavad Gītā* oder die Sathya Sai Gītā.

Die *Gītā* wurde gelehrt, um die Illusion zu zerstören, die auf Unwissenheit beruht, und *Arjuna* verstand die Botschaft. Anderen, wie Sanjaya und *Dhritarāshtra*, die sie auch hörten, brachte sie keinen Gewinn, denn sie waren in ihrer Unwissenheit noch an zu viele Dinge gebunden. *Dhritarāshtra* dachte die ganze Zeit nur daran, daß die Schlacht noch nicht begonnen hatte und die Feinde seiner Söhne noch nicht vernichtet waren! So lesen auch viele die *Gītā*, aber nur wenigen bringt es einen Nutzen. Ihr müßt so wie *Arjuna* frei von allen Bindungen sein und seine Konzentrationsfähigkeit haben, um von der *Gītā* profitieren zu können. Ein reines Herz und innere Ausgeglichenheit sind dazu notwendig.

Arjunas Problem war sein „Ichbewußtsein" und sein Gefühl für „Mein" und „Dein". Plötzlich sah er sich als Mörder, der für alles verantwortlich war, und wurde sich bewußt, daß es seine Lehrer, Erzieher und Verwandten waren, die ihm feindlich gegenüberstanden. Dieses Gefühl der Zugehörigkeit muß überwunden, das „Ich" muß ausgeschaltet und alle Worte und Taten dem Herrn geweiht werden. Sobald das Baby geboren ist, beginnt es zu schreien, denn die Seele hat kein Verlangen danach, noch einmal in die materielle Welt verwickelt zu werden. Es ist unwillig, in diese Welt der Illusion zu kommen. Die Wissenschaft erklärt es als den Prozeß des ersten Atemzuges und als das Reinigen der Luftwege. Aber warum muß das Baby dabei weinen? Der Vorgang könnte auch anders eingeleitet werden, nicht wahr? Das weinende Kind sollte diese Welt später fröhlich verlassen. Das Leben muß nach seinem Ende beurteilt werden. Liebe ist die Saat, Verehrung Gottes *(bhakti)* der Keim, der Schößling. Glaube ist der Dünger, gemeinsamer Gottesdienst der Regen. Erleuchtung ist die Blüte und Eingehen in Gott die Frucht. Damit wirft man die Ketten ab und ist frei.

Die *Gītā* lehrt euch zu handeln, ohne ein Ergebnis eures Handelns *(karma)* zu erwarten. Es gibt Pflichten, die entsprechend dem Stand in der Gesellschaft erfüllt werden müssen. Wenn diese im richtigen Geist ausgeführt werden, hat das keineswegs eine karmische Bindung zur Folge. Handelt immer wie ein Schauspieler auf der Bühne: Bewahrt eure Eigenständigkeit und identifiziert euch nicht zu sehr mit der Rolle, die ihr spielt. Denkt daran, daß alles nur ein Spiel ist, in dem der Herr euch eine Rolle zugewiesen hat. Spielt eure Rolle gut, das ist alles, was ihr tun könnt. Er hat das Drama geschrieben, und er findet Gefallen daran.

Das Ewig-Göttliche *(ātman)* ist das Meer, die Schöpfung *(prakriti)* ist nur eine Woge auf diesem zeitlosen, endlosen Meer, und die individuelle Seele *(jīva)* ist nur ein Tropfen dieser Woge. Ihr könnt weder die Woge noch das Meer verlassen. Ihr könnt nur eins damit werden, indem ihr die Bindung an Namen und Form des Tropfens aufgebt. Wenn ihr die Tiefe des Meeres erreicht, ist alles still, es herrscht vollkommener Frieden. Unruhe, Lärm und Verwirrung sind nur an der Oberfläche zu finden. So ist auch im innersten Winkel des Herzens ein Vorrat an Frieden gespeichert, zu dem ihr Zuflucht nehmen müßt.

Es gibt drei Arten von Menschen: die stumpfen, gefühllosen, die wie ein Eisenklotz jedem Versuch, sie zu erweichen, widerstehen; die aktiven, gefühlvollen, die wie Watte alles aufsaugen, aber ihre eigene Natur nicht ändern, und schließlich die reinen, die wie Butter schmelzen, wenn sie an der Freude oder dem Leid anderer teilnehmen oder wenn sie von den Wundern des Herrn hören. Sie tauchen tief in den Brunnen des Mitgefühls. Zorn, Neid, Habsucht und Intoleranz sind wie Löcher in einem Topf. Das Wasser des Friedens, der Fröhlichkeit und Ausgeglichenheit rinnt durch diese Löcher, und der Topf wird leer. Die Löcher müssen verstopft und der Topf muß instand gesetzt werden, damit er wieder benutzt werden kann.

Immer dann, wenn ihr in einer ausweglosen Lage seid, wendet ihr euch voller Verzweiflung an den Herrn und vergeßt euren Stolz und Egoismus. Die *Pāndavas* waren im weltlichen Sinne so vom Unglück verfolgt, daß ihre innere Haltung ein einziges Gebet war. Wenn ich alle eure Probleme gelöst hätte, wärt ihr nicht nach *Puttaparthi* gekommen. Schwierigkeiten sind der Köder, mit dem der Fisch gefangen wird. *Kuntī*, die Mutter der *Pāndavas*, bat *Krishna*, ihr und ihren

Söhnen weiterhin alle möglichen Unbilden zu senden, damit sie auch in der Zukunft die Beweise seiner Gnade erfahren könnten.

„Sich selbst Gott opfern" nannte Thirumalachar diese Haltung. Aber man ist selbst dieses Göttlich-Absolute *(ātman)*. Was bedeutet es dann, ihm sich selbst zu opfern? Was ihr ihm zu Füßen legen solltet, ist eure Selbstsucht *(ahamkāra)*. Opfert all euren Stolz, eure Ichbezogenheit, eure Verblendung, alle eure Bindungen, zu denen euer Egoismus geführt hat. Bringt mir alles Schlechte in euch, laßt es hier und nehmt mit euch, was ich zu geben habe, nämlich Liebe. Erwerbt die Fähigkeit zu sehen, daß alles von Ihm, dem Einen, bewegt und motiviert wird.

Überprüft jeden Tag euer Handeln und eure Motive, dann könnt ihr euren eigenen Fortschritt beurteilen. Handelt nur mit reinen Motiven. Ihr hattet vergessen, daß ihr göttlich seid, und jetzt erinnert ihr euch wieder daran. Das ist das einzige, was ihr erreichen müßt. Das scheint so leicht zu sein, aber es ist eine der schwierigsten Aufgaben. Das Auge ist dem Ohr so nahe, kann es aber niemals sehen. Es war einmal ein Narr an einem Königshof, der immer so viele Fragen stellte, daß er den anderen lästig wurde. Um seinen Fragen zu entgehen, stellte der König eine große Tafel auf: „Keine Fragen!". Als der König jedoch auf dem Sterbebett lag, rief er den Narren zu sich und flüsterte in sein Ohr: „Ich werde jetzt gehen." Der Narr fragte geschwind: „Soll ich die königliche Kutsche bestellen? Den Elefanten mit dem Baldachin? Das königliche Pferd mit der Schabracke? Die Sänfte? Wie weit werdet ihr reisen? Zu welchem Ort? Wie lange werdet ihr bleiben?" Der Narr war sehr weise. Er kannte die Fragen und wußte, daß weder er noch der König sie beantworten konnte. Ihr könnt aber eine Prüfung nur bestehen, wenn ihr die Antworten wißt.

Die *Gītā* veranlaßt euch, nach den Antworten zu suchen und hilft euch, sie zu finden. Sie hilft euch, die Unruhe des Geistes zu überwinden, sie zerstört die Täuschung, sie vermittelt wahres Wissen, sie läßt euch die Herrlichkeit des Herrn erahnen und stärkt euren Glauben. Aber in einem Augenblick sagt ihr: „Baba tut alles. Ich bin nur ein Werkzeug in seinen Händen." Im nächsten jedoch sagt die gleiche Zunge: „Ich tue dies. Ich tue das. *Swami* hat das nicht für mich getan." Nur wenn ihr niemals auf den falschen Weg geratet, könnt ihr seiner Gnade sicher sein.

Alle Herzen sind sein Eigentum; alles gehört ihm. Aber ebenso wie der Grundbesitzer den schönsten Platz für seinen Wohnsitz wählt, obwohl ihm alles gehört, so wählt der Herr ein reines Herz, um sich darin niederzulassen. Der Herr hat gesagt: „Wo meine *Devotees* meinen Namen preisen, dort werde ich bei ihnen sein." Ich kann euch sagen, daß ihr euch glücklicher schätzen könnt als frühere Generationen. Ihr müßt euch dieses Glück in vielen Inkarnationen verdient haben. Ihr habt mich unter euch, und es ist eure Pflicht, diese Beziehung, die ihr einem glücklichen Schicksal zu verdanken habt, weiter zu entwickeln. In vier oder fünf Jahren wird hier ein großes Gedränge von Gottsuchern, Lehrern und Asketen sein. Wenn ihr dann kommt, werdet ihr nicht mehr die Möglichkeit haben, mich anzusprechen, um eure Fragen beantwortet zu bekommen. Seid darum nicht wie die Frösche, die auf den Blättern der Lotosblume herumsitzen, seid wie die Bienen! Bananen und Mangofrüchte werden, solange sie noch grün sind, in Stroh oder Heu oder in einem abgeschlossenen Raum aufbewahrt, damit sie durch die Wärme reif und schmackhaft werden. Das Meditieren über Gott gibt auch euch die rechte Temperatur, um zu reifen und süß und schmackhaft zu werden.

Es gibt sieben Dinge, die zu pflegen und in Ehren zu halten für das Wohlergehen der Welt notwendig sind: Die Kuh (als Sinnbild der Sanftmut und als Lebensspenderin), der Gottsucher, die heiligen Schriften, Keuschheit, Wahrheit, Freisein von Bindungen an die materielle Welt und die göttliche Ordnung aller Dinge. Das wird heute mehr und mehr vernachlässigt, und ich bin gekommen, um diese Disziplin in ihrer ursprünglichen Reinheit und Stärke wiederherzustellen. Glaubt nicht, daß diese „Sathya Sai Gītā" von einem Gläubigen verfaßt wurde und dieser sie nun hier vorliest. Thirumalachar hat betont, daß ich ihn dazu inspiriert habe, und er hat meine Lehren in eurem Interesse in dieser Form zusammengefaßt. Es gibt nur eine Wahrheit, und diese ist rein und unveränderlich. Er hat sie in sich wie in einem Gefäß aufgefangen und gibt sie an euch weiter.

Natürlich kann niemand das Geheimnis des Herrn enträtseln. Selbst *Vishvāmitra*, der *Rāma* und *Lakshmana* als göttliche Inkarnationen gepriesen hatte, als er sie bei *Dasharatha* abholte, vergaß später diese Tatsache und wagte es, sie zu belehren und ihnen *„mantras"* beizubringen, als seien sie ganz gewöhnliche Schüler. Er war sogar stolz darauf, daß der Herr sein Schüler war. Im spirituellen Bereich ist Stolz eine der schwersten Sünden. Wenn ihr euch etwas darauf einbildet, *Hari* (ein Beiname des Herrn) nahe zu stehen, dann wird er euch „hari“ (Telugu: vernichten). Ihr solltet Gott so gehorchen wie *Lakshmana*. *Rāma* sagte: „Bringe *Sītā* in den Wald, und lasse sie dort allein.“ *Lakshmana* gehorchte ohne Widerspruch. Er fragte nicht „Warum?“. Das ist *„sharanāgati“*, völlige Hingabe an Gott; die anderen verdienen nur „shārāgati“, den Pfeil *Rāmas*.

Diese völlige Hingabe an Gott lehrt die *Gītā*. Stärkt euren Glauben, lebt in der göttlichen Ordnung, überwindet Täuschung und Unwissenheit, läutert euer Herz und euren Geist und wißt, daß Er, das Göttlich-Absolute *(ātman)*, auch der Kern eures Wesens ist.

Prashanti Nilayam, 27.9.1960

Sathya Sai Gītā (II)

Wenn ihr in *Krishna* nur den Kuhhirten seht, einen Menschen dieser Welt wie jeder andere, dann wird er für euch nichts anderes als ein Kuhhirte sein. Dann werdet auch ihr nur diese Stufe erreichen. „Gopāla“, der Beiname *Krishnas*, bedeutet: Er, der Beschützer und Bewahrer aller Wesen. Ihr werdet bemerkt haben, daß Uddhava, der in *Krishna* seinen *Guru* sah, mehr von ihm lernte als *Arjuna*, der ihn als seinen Freund betrachtete. Wenn ihr glaubt, daß er Gott ist, dann ist er für euch Gott. Wenn ihr ihn einfach als Menschen abtut, dann übernimmt er diese Rolle und kann euch nicht helfen. Sucht ihn mit eurem Herzen, nicht mit den äußeren Sinnen. Nach der höheren Macht muß man auf der höheren, nicht auf der materiellen Ebene suchen. Wenn ihr Augen habt, zu sehen, und die Weisheit, zu verstehen, dann werdet ihr ihn finden.

Verschiedene Menschen haben verschiedene Formen des Gottesdienstes und unterschiedliche Vorstellungen von dem Objekt ihrer Verehrung. *Vishnu*, Shambhu, Sarada, Allah sind alle Ausdruck unterschiedlichen menschlichen Verstehens des einen ungelüfteten Geheimnisses, des unergründlichen, unendlichen Absoluten. Ihr solltet nicht die Verschiedenheit, sondern das Gemeinsame betonen. Laßt euch nicht in Diskussionen über den Wert des einen oder anderen Weges ein. Wenn ein und dieselbe Person mehrere Titel hat, warum solltet ihr euch über den Wert des einen oder anderen Titels streiten? Keiner von ihnen vermag die ganze Herrlichkeit auszudrücken. Euer Bestreben sollte sein, die ewig unveränderliche Wirklichkeit, welche in den Bewußtseinszuständen des Wachens, Träumens und des Tiefschlafs dieselbe ist, und die von den drei Eigenschaften alles Erschaffenen *(guna)* nicht beeinflußt wird, zu finden und eins damit zu werden. Denkt daran, daß der Name mehr ist als der Namensträger selbst, denn dieser mag dahinscheiden, doch der Name ist da und ruft die Form des Namensträgers ins Gedächtnis zurück.

Ihr braucht eure Kräfte nicht mit der Suche nach dem Herrn zu vergeuden; er ist überall wie die Butter in der Milch, wie das Küken im Ei. Er vibriert in jedem Atom der Schöpfung. Er kommt nicht von irgendwo her oder geht irgendwo hin. Er ist hier, dort, überall. Er ist alles und jedes im Mikrokosmos wie im Makrokosmos.

Diese gewaltige Wahrheit zu erkennen, erfordert spirituelle Anstrengungen *(sādhana)*, die auf dieses Ziel ausgerichtet sind. Das ist *„karmayoga"*, bewußtes, intelligentes Handeln. Ein Millionär mag verschiedene Fahrzeuge besitzen: Sportwagen, Limousinen usw., aber der Arzt rät ihm, jeden Morgen ein paar Kilometer zu laufen. Andernfalls würde er krank, sagt der Arzt. So schreibt euch das göttliche Gesetz *(dharma)* vor, in bestimmter Weise zu handeln, um die Krankheit der Unwissenheit *(ajnāna)* zu heilen. Das Öl in der Lampe ist der Rückstand, der von den Taten früherer Existenzen zurückgeblieben ist. Je stärker die Flamme, je heller das Licht, desto früher wird das Öl verbraucht. Seid aktiv, überwindet die Auswirkung der Vergangenheit, und befreit euch von der Last, die an eurem Hals hängt.

Solches Handeln bringt mehr Freude als das daraus resultierende Ergebnis. Die Pilgerfahrt ist oft lohnender als das Erlebnis in dem Tempel, den der Pilger besuchte. In der *Gītā* heißt es, daß ihr gute Taten nicht um des Lohnes willen tun sollt. Dieser Rat wurde unter den damals herrschenden Bedingungen und wegen der Täuschung, unter der *Arjuna* litt, erteilt. Aber ich sage euch jetzt, daß ihr das Ergebnis eures Handelns in beschränktem Umfang freudig erwarten dürft, denn das intensiviert eure spirituellen Bemühungen und das damit verbundene Glücksgefühl.

Der Rektor des Markandeya Sanskrit College hat erwähnt, daß ich, so wie *Janaka*, aufgrund eines Restes von *Karma* geboren wurde. Ich habe keinen Restbetrag von *Karma*, den ich verarbeiten muß! Ich bin, wie schon in der *Gītā* erwähnt, unbeeinflußt von *Karma*. Die höchste Macht hüllt sich in den Schleier der Illusion, um mit der Menschheit in Verbindung zu treten und sie zu beschützen. Ich habe kein Verlangen und daher kein *Karma*, das mich bindet. Ihr dagegen habt Wünsche und Träume, die euch in verschiedene Richtungen ziehen. Euer Glück ist meine Nahrung, eure Begeisterung die Schaukel, auf der ich schwinge, euer Handeln mein Spielplatz.

Es gibt drei Arten von *Karma*: „sahajakarma" erfolgt unwillkürlich wie das Atmen; „vikarma" wird bewußt ausgeführt und gleicht der Verbindung von Öl und Docht in einer brennenden Lampe; bei „akarma" ist weder Öl noch Docht und daher auch keine Flamme vorhanden. Die Beherrschung des Atems *(prānāyāma)* und spirituelle Disziplin *(yoga)* müssen ebenso natürlich und automatisch werden wie das Atmen. Das ist das Höchste, was durch spirituelle Anstrengungen *(sādhana)* erreicht werden kann.

Von Kindheit an müßt ihr lernen, den Namen des Herrn zu rezitieren, zu beten und euch im Schweigen zu üben. Laßt Kinder über die Herrlichkeit und überwältigende Schönheit der Schöpfung Gottes nachdenken, so daß Ehrfurcht und Staunen sie erfüllt. Vergleicht und bewertet nicht, was ihr in *Puttaparthi* von Sai Baba bekommt. Ich gebe nicht, um euch an mich zu binden; ich gebe nur, um euch glücklich zu machen. Meine Aufgabe ist es, Glückseligkeit *(ānanda)* zu verbreiten. Ihr braucht mich nicht zu verehren; es genügt, wenn ihr euch auf mich verlaßt. Die geheimnisvolle, unerklärliche höchste Macht ist greifbar nahe gekommen. Jede Aufgabe, die sie in Angriff nimmt, wird zum Erfolg führen. Jemand hat in einem Gedicht gesagt, daß ich Tränen zum Fließen bringe und Tränen trockne. Ja, ich bringe die Tränen der Freude in euren Augen zum Fließen, und ich trockne die Tränen des Kummers. Es heißt, ich mache die Leute besessen und ich heile die Besessenen. Ja, ich mache die Leute besessen von dem Verlangen nach Gott, so daß sie die notwendigen spirituellen Anstrengungen *(sādhana)* machen. Und ich heile die Besessenheit, welche die Menschen wie wahnsinnig flüchtigem Vergnügen nachjagen läßt und sie dadurch den Anfällen überschwenglicher Freude und Trauer ausliefert.

Einige Leute haben in ihrer Unwissenheit gesagt, daß ich manchmal göttlich und danach wieder menschlich sei. Glaubt das nicht! Mein Wesen ist unveränderlich, immer ein und dasselbe. Der Herr verändert sich niemals; die äußere Form mag sich ändern, aber das Wesen bleibt dasselbe. Es gibt nicht so etwas wie ein vorübergehendes Herabsteigen auf die Ebene des Menschen. Die Kennzeichen des Herrn sind grenzenlose Liebe und unendliche Güte.

Der Mensch hat zwei Aufgaben: Die eine ist die Erfüllung seiner Pflichten in dieser Welt, die andere das Streben nach Erlösung. Die erstere erübrigt sich, wenn die Frucht reif wird. Sie löst sich von selbst auf. An der zweiten aber müßt ihr festhalten, denn das ist der Weg, der euch vorgezeichnet ist.

Schließlich müßt ihr wissen, wie ihr die Gelegenheit, mit dem Herrn in Berührung zu kommen, die euch in diesem Leben gegeben ist, nutzen könnt. Eine Lampe verbreitet Licht, aber sie kann für verschiedene Zwecke, gute und schlechte, benutzt werden. Der Ganges ist heilig, aber sein Wasser kann Nutzen oder Schaden bringen. Wie ihr diese Gelegenheit nutzt, hängt von eurer Bestimmung und den äußeren Umständen ab und davon, ob ihr die Gnade des Herrn gewinnen könnt. Festigt euren Glauben, vertieft eure Hingabe. Alles andere folgt von selbst. *Rāma* ist der Botschafter der Wahrheit *(satya)*, *Krishna* der Liebe *(prema)* und Buddha des selbstlosen Handelns *(karma)*. Der jetzige *Avatar* repräsentiert die Wahrheit *(satya)*, welche die Grundlage der göttlichen Ordnung *(dharma)* ist und die Liebe *(prema)*, welche den Frieden *(shānti)* gibt. Mein Gebot ist: niemals hassen, niemals jemandem etwas Schlechtes wünschen, niemals schlecht über jemanden sprechen. Nur dann könnt ihr inneren Frieden gewinnen.

Der Herr allein kennt den Plan, denn er ist der Plan. Ihr seid auf der Bühne und seht nur einen Teil des Schauspiels, deshalb ist alles sehr verwirrend. Erst wenn alle Zusammenhänge offenbar geworden sind, werdet ihr seinen Plan zu schätzen wissen, nicht vorher. Dazu müßt ihr hinter den Vorhang gehen, den die falsche Vorstellung von der Wirklichkeit *(māyā)* bildet, und mit dem Regisseur selbst in Verbindung treten. Solange ihr als Schauspieler auf der Bühne eure Rolle spielt, könnt ihr den Inhalt des Stücks, das die Welt als Bühne hat und sich über Ewigkeiten hinweg abspielt, nicht begreifen.

Wenn ihr eure Rolle gut spielt und Liebe *(prema)* für eure Mitspieler empfindet, ist das wichtiger als die Liebe zu Gott *(bhakti)*. Und wenn ihr inneren Frieden *(shānti)* findet, so ist das wichtiger, als höheres Wissen *(jnāna)* zu erwerben. Die Liebe zu Gott trägt den Keim selbstloser Liebe in sich und höheres Wissen den Keim inneren Friedens. Jedenfalls sollten sich alle Gläubigen *(bhakta)* so verhalten, als ob sie zu einer großen Familie gehörten. Ihr habt die Gelegenheit, in der Gemeinschaft Gott zu verehren und euch durch spirituelles Bemühen weiter zu entwickeln. Nehmt sie wahr!

Ihr seid mein kostbarer Besitz, selbst wenn ihr mich verleugnet. Ich bin euer kostbarster Besitz, auch wenn ihr es nicht wahrhaben wollt. Ich werde mich eurer liebevoll annehmen und euch nicht aufgeben. Ich werde jede Mühe auf mich nehmen, um meinen Besitz unter meiner Obhut zu behalten. Das bedeutet, unter der Obhut des Herrn, gleichgültig mit welchem Namen ihr ihn anruft. Alle Macht, die ich habe, ist für euch bestimmt. Ich bin nur der Verwalter, der sie bereit hält, um sie euch zu geben, sobald ihr darum bittet. Meine Liebe wird sie euch geben, selbst wenn ihr nicht danach fragt, denn es ist euer Recht, daran teilzuhaben. Einige beschweren sich, daß ich ihnen dieses oder jenes nicht gegeben habe. Das liegt daran, daß sie nur die Gegenwart und die unmittelbare Zukunft sehen können, während ich weiß, was auf sie zukommt, und sie vor größerem Leid beschützen muß. Sie beschuldigen und beleidigen mich sogar, aber ich werde sie nicht aufgeben. Denkt daran, daß niemand mich beeinflussen kann. Es gibt niemanden, der meinen Weg und mein Verhalten auch nur im geringsten ändern könnte. Ich bin der Herr über alles.

Aber eines kann ich euch sagen: Ich tadele und bestrafe manche Menschen nur, weil ich sie liebe, weil ich sie korrigieren und zu besseren Werkzeugen machen will. Wenn sie nicht mein eigen wären, würde ich sie aufgeben, mich nicht um sie kümmern und keine Notiz von ihrem Vergehen nehmen. Ich habe ein Recht, die Meinen zu züchtigen. Ich weiß, daß ihnen dennoch viel an meinem Wort gelegen ist und daß sie betrübt sind, mein Mißfallen erregt zu haben. Euer Geist ist so wankelmütig, und deshalb werdet ihr leicht durch das Gerede törichter Leute dazu gebracht, euch von mir abzuwenden.

Manchmal tue ich so, als ob ich euch von mir fernhalte; das geschieht, um euch schneller umzuformen. Wenn eine Straße instand gesetzt wird, muß eine Umleitung angelegt und dieser Straßenabschnitt eine Zeitlang gesperrt werden. Das geschieht, damit die Bauarbeiten schneller ausgeführt werden können, so daß die Straße wieder benutzt werden kann.

Ich bin gekommen, um die Welt in Ordnung zu bringen. Deshalb muß ich alle, die krank sind, in mein „Krankenhaus" bringen, ihre Gesundheit, Stärke und Weisheit wiederherstellen und sie dann entlassen, damit sie auf ihren Arbeitsplatz zurückkehren können. Ich muß eure Hingabe vertiefen, euren Glauben stärken und das Fundament eures moralischen Verhaltens erneuern, so daß ihr Versuchungen besser widerstehen könnt. Ich bin Leuten begegnet, die beten und glauben, daß sie mit jedem Gebet die Welt dem Frieden näher bringen. Aber Frieden kann nur durch harte Arbeit gewonnen werden, indem Gewalttätigkeit und Habsucht aus den Herzen der Menschen vertrieben werden.

Es geschieht manchmal, daß ein Einwohner von *Puttaparthi*, wenn er krank wird, alle Arten von Quacksalberei versucht, bis es zu schlimm wird. Dann rennt er verzweifelt zu den Ärzten und Apotheken in Bukkapatnam, Anantapur, Chikkaballapur und Vellore, bis er schließlich sein Land verkaufen muß, um seine Schulden bezahlen zu können. Wenn er sofort zu einem guten Arzt gegangen wäre, hätte er das vermeiden können. Ebenso dürft ihr keinen *Gurus* folgen, die selbst nicht klar sehen und unter allen möglichen Schwierigkeiten leiden: Erbittet nichts von einem Bettler! Vermeidet jede Überheblichkeit und Konkurrenz auf spirituellem Gebiet. Laßt jeden seinen eigenen Rhythmus bestimmen. Die Hauptsache ist, daß der Weg zu Gott führt.

Prashanti Nilayam, 25.9.1960

Sathya Sai Gītā (III)

Vidura fragte einst *Krishna*: „Warum hast Du an der Schlacht von *Kurukshetra*, in der Tausende von Soldaten getötet wurden, teilgenommen? Du hättest das ganze Blutbad vermeiden und Dir eine ganze Menge Mühe ersparen können, wenn Du einfach die geistige Haltung der Hauptverantwortlichen auf der Seite der *Kauravas* geändert hättest." *Krishna* antwortete: „Mein lieber Freund, ich habe jedem bestimmte Eigenschaften und Kräfte, sowie einen gewissen Spielraum gegeben, diese nach eigenem Gutdünken zu gebrauchen." Auf diese Art und Weise kann jeder am besten lernen. Ein Kind lernt laufen, indem es einige Schritte stolpert und fällt. Erfahrung ist die beste, wenn auch härteste Schule. Ihr mögt hundertmal hören, daß Feuer heiß ist, aber bevor ihr euch nicht einmal die Finger verbrannt habt, werdet ihr es nicht glauben und nicht wissen, wie weh es tut.

Ihr habt also eine gewisse Handlungsfreiheit. Eine Kuh, die an einen Baum gebunden ist, kann sich im Umkreis, den das Seil erlaubt, bewegen und das Gras auf dieser Fläche fressen. Selbst in einer Prüfung werden euch verschiedene Fragen vorgelegt, von denen ihr sechs beantworten müßt. Ihr sagt oft: „Oh, alles ist Babas Wille." Warum kommt ihr dann und bittet um dieses und jenes, warum habt ihr überhaupt Wünsche und macht Pläne? Ihr müßt von dem Denk- und Vorstellungsvermögen, das euch gegeben ist, den bestmöglichen Gebrauch machen. Daran wird der, der es gegeben hat, Gefallen finden und mehr geben. Wenn ihr dagegen diese Fähigkeiten mißbraucht und gegen euren Herrn und Meister richtet, wird dieser unwillig werden. Er wird euch bestrafen, um euch eine Lektion zu erteilen.

Ich gebe euch immer wieder denselben Rat, und manchmal mögt ihr den Eindruck bekommen, daß ich nicht viel zu sagen habe. Nun, eine Mutter muß ihrem Kind wieder und wieder die gleichen Ermahnungen geben, damit das Kind lernt und sich entsprechend verhält. Mutter *Veda* und Mutter *Gītā* wiederholen immer wieder die gleiche Wahrheit in verschiedenen Zusammenhängen und in vielen Beispielen. Das überwältigende Verlangen, die Kinder zu erziehen und ihnen den rechten Weg zum Fortschritt zu zeigen, ist das Zeichen aller Mütter.

Thirumalachar hat den Abschnitt über den Weg der Liebe zu Gott *(bhaktiyoga)* vorgelesen und über die neun Formen dieser Liebe gesprochen, die ich im allgemeinen auch erwähne: Studium der heiligen Schriften, Lieder zum Lob des Herrn singen, Kontemplation über die Herrlichkeit Gottes, Ehrfurcht vor allem Leben, sich dem Herrn zu

Füßen werfen, ritueller Gottesdienst, ein Diener Gottes werden, sich als Kind Gottes fühlen, sich dem Willen des Herrn ganz unterwerfen. Der wichtigste Bestandteil all dieser Formen ist reine Liebe *(prema)*. Sie ist es, die das Innere aufwühlt und mit Hoffnung und Freude erfüllt. Allein der Gedanke an den Herrn versetzte die Weisen und Heiligen wie *Jayadeva, Caitanya, Mīrā, Tyāgarāja* und andere in freudige Erregung, weil ihre Herzen vollständig von reiner, selbstloser Liebe erfüllt waren.

Manche Leute mögen sich über das Singen von *„bhajans"* lustig machen, es eine lächerliche Schaustellung nennen, und stattdessen Meditation in der Stille des Andachtsraumes empfehlen. Aber dieses Singen in Gruppen hilft, den Egoismus zu bekämpfen; ihr fürchtet euch nicht, ausgelacht zu werden, noch schämt ihr euch, den Namen des Herrn anzurufen. Durch die Hingabe anderer werdet ihr inspiriert, und die Gesellschaft gleichgesinnter Menschen vermindert die Gefahr, daß die zarte Pflanze des Glaubens von der Hitze des Spottes verbrannt wird. Ein Mensch mag sein Zimmer mit dem Besen ausfegen, wenn es niemand sieht. Aber die gleiche Arbeit zu tun, wenn andere zuschauen, erfordert eine Überwindung des Ego, weil sie als erniedrigend angesehen wird.

„Prema" ist die Liebe des Kindes zu den Eltern, die Freundschaft, die Freunde verbindet, die Liebe der Ehepartner, ist Respekt vor dem Alter und die Liebe, die Eltern für ihre Kinder empfinden. *„Bhakti"*, eure Liebe zu Gott, kommt in dreifacher Form zum Ausdruck: Ihr vollzieht bewußt bestimmte rituelle Handlungen, um eurer Liebe Ausdruck zu verleihen. Dann bringt ihr ihm, um ihn zu verherrlichen, im Geist verehrender Demut euer Handeln als Opfer dar, indem ihr alles, was ihr habt und seid, ihm zu Füßen legt. Und schließlich wird die Liebe allem und jedem gegenüber zum Bestandteil eures Seins, so daß sie ohne eine Spur von Egoismus und ohne den geringsten Anflug von Heftigkeit in eurem Handeln zum Ausdruck kommt. Dadurch wird alles, was ihr tut, dem Herrn geweiht, und das Glücksgefühl, das euch dabei erfüllt, gibt euch die Gewißheit, daß sich eure Anstrengung gelohnt hat. Das ist der Endzustand, das Ziel, die Erleuchtung.

Wie könnt ihr mich glücklich machen? Indem ihr euch meine Worte zu Herzen nehmt und in die tägliche Praxis umsetzt. Nach dem Hohen zu streben, aber von dem Niederen angezogen zu werden, ist

Verrat an euch selbst! Ändert euren Charakter und euer Verhalten. Wenn eure Impulse und eure Gefühle geläutert sind, könnt ihr meine Form in ihrer ganzen Wirklichkeit sehen. Kurz gesagt: befreit den Geist, der mich erfassen soll, von allen Unreinheiten, macht ihn klar und scharf.

In meiner Person ist euch jener Schatz, nach dem ihr gesucht habt, greifbar nahe gekommen, denn unsere Beziehung besteht auf der Ebene des wirklichen Selbst *(ātman)*, sie ist nicht weltlicher Art, nicht anerzogen. Woanders werdet ihr gerupft, denn die Beziehung wird vom Geldbeutel bestimmt. Wieder woanders ist die Kaste, die Bildung oder ein anderes zufälliges Merkmal ausschlaggebend. Hier ist es das Gemeinsame, welches Gott *(nārāyana)* und Mensch *(nara)*, das Meer und den Fluß, das Universale und das Spezifische verbindet. Hier muß jeder im Grenzenlosen aufgehen, indem er die Fesseln abwirft, die ihm Grenzen auferlegen.

Jedem ist diese Möglichkeit gegeben; niemand ist von der Liebe des Herrn ausgeschlossen. Die Mutter bittet den achtzehnjährigen Sohn, in die Küche zu gehen, sich selbst einen Teller mit Reis und Curry zu nehmen und allein zu essen. Die Mutter ist nicht hartherzig oder unfreundlich. Sie weiß, was sie diesem Sohn zumuten kann und behandelt ihn seinem Alter entsprechend. Einen anderen Sohn begleitet sie in die Küche, bringt ihm das Essen und sitzt neben ihm. Einen dritten Sohn nimmt sie auf den Schoß, füttert ihn und singt ihm ein Lied nach dem anderen, um ihn zu unterhalten. Glaubt nicht, daß die Mutter dem einen den Vorzug vor dem anderen gibt. Sie benutzt nur ihre Kenntnis der Entwicklungsstufe, um ihnen zum Fortschritt zu verhelfen. Das ist das Wesen mütterlicher Liebe.

Es gibt *Gurus*, denen diese Liebe zu ihren Schülern fehlt. Wenn die Suchenden zu ihnen kommen und sie um Rat fragen, werden sie in den Himmel gehoben, ihr Fortschritt wird übertrieben, und es werden sogar Titel verliehen, die von den unglücklichen Opfern zur Schau gestellt werden. Auf diese Weise wird den Schülern eine zusätzliche Last aufgebürdet, die ihren spirituellen Fortschritt erschwert. Die *Gurus* wollen Geld für verschiedene Zwecke haben, und deshalb haben sie immer den Geldbeutel der Schüler im Auge. Sie versuchen, das Geld aus ihnen herauszulocken, indem sie Titel verleihen, sie in öffentlichen Reden loben oder allgemeine Anerkennung in Aussicht stellen - alles weltliche Köder, die dem Prinzip des Freiseins von Bindungen, das sie lehren, widersprechen. Es ist das Zeichen eines wirklichen *Gurus*, der sich seiner Aufgabe bewußt ist, daß er das Anhäufen weltlicher Güter und den Mißbrauch, der damit getrieben wird, verurteilt, und daß er diesen Tadel freizügig zum Ausdruck bringt. Die anderen tolerieren und ignorieren die schlechten Eigenschaften in möglichen Geldgebern, weil sie befürchten, daß ein Tadel die Quelle ihres Einkommens zum Versiegen bringen könnte. Auf diese Weise schaden sie ihren Schülern, weil sie ihnen die bittere Medizin, die für ihre spirituelle Gesundheit dringend notwendig ist, vorenthalten. Diese Jagd nach wohlhabenden Schülern, die geschröpft werden können, ist zu einer Tragikomödie geworden. Einige *„Gurus"* haben dies zu einer hohen Kunst entwickelt. Die Zeit ist gekommen, solche Lehrer bloßzustellen und zu bestrafen, und das wird eine Aufgabe im Zuge der Wiederherstellung göttlicher Ordnung *(dharma)* sein, für die ich gekommen bin. Auch denen, die im ganzen Land für diese sogenannten *Gurus* werben, muß das Handwerk gelegt werden.

Bücher, Schriften, Meetings, Reden, Diskussionen - alles das nützt nichts. Jeder, der den Wunsch hat, mich kennenzulernen, muß aufgefordert werden, zu mir zu kommen und mich zu erfahren. Um klar zu machen, was ein Berg ist, genügt es nicht, einen Stein zu zeigen und zu sagen: „Ein Berg ist wie dieser Stein, nur viele hunderttausendmal größer." Man muß einen richtigen Berg, zumindest in der Ferne, sehen. Das „Jenseits" ist vollkommen unbegreiflich. Die Wissenschaft ist wie der Buchstabe C, mit einer Lücke in der Mitte, die immer offen bleibt. Nur die Religion kann diese Lücke füllen, denn sie kennt die Wirklichkeit, die den drei Bewußtseinsstufen, den drei Zeiten und den drei Welten zugrunde liegt. Die Religion ist daher wie der Buchstabe O, der größer werden mag, je mehr die Herrlichkeit des Herrn offenbar wird, der aber immer rund und in sich geschlossen bleibt. Am Ende von allem sind wir wieder am Anfang.

Wunder sind der natürliche Ausdruck des Übernatürlichen. Ich gewähre euch hin und wieder diese Erfahrung, damit ihr einen Schimmer der Herrlichkeit wahrnehmen könnt. Ich werde noch 59 Jahre in dieser sterblichen, menschlichen Form bleiben, und mit Sicherheit die Aufgabe dieses *Avatars* erfüllen. Zweifelt nicht daran! Was euch betrifft, so werde ich meinen Plan zu meiner Zeit ausführen.

Ich kann nichts überstürzen, nur weil ihr ungeduldig seid.

Ich mag manchmal warten, bis ich zehn Dinge mit einem Schlag erledigen kann, so wie eine Lokomotive nicht benutzt wird, um einen einzelnen Wagen zu ziehen, sondern zurückgehalten wird, bis eine ihrer Zugkraft entsprechende Last bereit ist. Aber ich werde mein Wort immer halten; es muß geschehen, wie ich es will.

Prashanti Nilayam, 29.9.1960

Sathya Sai Gītā (IV)

Heute hat Thirumalachar aus der „Sathya Sai Gītā", die er verfaßt hat, den Abschnitt über *„jñānayoga"* vorgelesen und erläutert. Niemand kann die wirkliche Natur der Schöpfung *(brahman)* erklären. Der Wissenschaftler, der einem Universum gegenübersteht, das voller Geheimnisse ist, von dem er fühlt, daß es unendlich sein muß, ist gezwungen, es hinzunehmen, obwohl er sich kein richtiges Bild von einem solchen Universum machen kann. Auch er arbeitet auf der Grundlage des Glaubens, d.h. er glaubt etwas, das er weder voll verstehen, noch logisch erklären oder mathematisch erfassen kann. Diese Wirklichkeit kann nur durch die Feststellung dessen, was sie nicht ist, umschrieben werden. Das Göttlich-Absolute *(brahman)* wird durch den wiederholten Prozeß solcher negativer Feststellungen beschrieben: Es ist „nicht dies", und es ist „nicht das". In dieser unwirklichen, vergänglichen Welt ist alles eine vergängliche Mischung von Name und Form, die beide auch vergänglich und daher nicht wirklich sind. Es ist in der Tat nicht leicht, sich vorzustellen, daß diese erschaffene Welt eine Mischung aus Wirklichkeit und Täuschung *(mithyā)* ist. Wenn jemand mit dem Kopf gegen eine Wand rennt, dann ist es schwierig für ihn zu glauben, daß diese Wand halb unwirklich ist, daß ihr Name und ihre Form Erfindungen einer irregeführten Einbildung sind und daß sie in Wirklichkeit das Göttlich-Absolute *(brahman)* ist.

Aber früher oder später muß jeder zu dieser Erkenntnis *(jñāna)* kommen. Dies ist durch die Liebe zu Gott *(bhakti)*, selbstloses Handeln *(karma)* oder durch das königliche *Yoga (rājayoga)* möglich. Das sind nur drei verschiedene Namen für das Quirlen der Milch, durch welches die Butter, die in der Milch enthalten ist, gewonnen wird. Wenn die Butter erst feste Form angenommen hat, kann sie unbeschädigt in der Flüssigkeit aufbewahrt werden, in der sie die ganze Zeit schon vorhanden war. Ebenso kann der Weise *(jnānī)*, wenn er erst einmal erkannt hat, daß die Substanz, aus der er geformt ist, mit dem Göttlich-Absoluten *(brahman)* identisch ist, ohne Bindung an die Welt in dieser leben. Wenn das Göttlich-Absolute *(brahman)* durch die Brille der täuschenden Illusion *(māyā)* gesehen wird, nimmt das Formlose Form an und wird als „Gott" *(bhagavān)* angesprochen.

Der Herr in der Form *(bhagavān)* ist durch sieben Hauptmerkmale gekennzeichnet. Wer diese sieben besitzt, muß als göttlich angesehen werden. Eindrucksvolles Auftreten, Reichtum, Weisheit, Freisein von Bindungen, die Macht, zu erschaffen, zu erhalten und aufzulösen - dieses sind die sieben unfehlbaren Kennzeichen des *Avatars*, die voll weiterbestehen, auch wenn sie durch das Annehmen der Form verändert zu sein scheinen. Wo diese zu finden sind, könnt ihr das Göttliche erkennen.

Eurem Wesen nach seid ihr auch göttlich *(ātman)* und besitzt die göttlichen Kräfte. Aber so wie der Prinz, der in die Hände der Räuber gefallen und unter ihnen aufgewachsen ist, so seid ihr euch eurer eigenen Identität nicht bewußt. Obwohl der Prinz nicht weiß, daß er ein Prinz ist, so ist er doch ein Prinz, ob er im Palast, im Wald oder in einer Räuberhöhle lebt. Er wird häufig Ahnungen haben, die auf seinen wirklichen Stand hinweisen, ein Verlangen nach der Glückseligkeit, die sein Erbe ist. Er wird den Ruf des inneren Bewußtseins hören, auszubrechen und zu werden, was er wirklich ist. Das ist der Hunger der Seele, das Dürsten nach unvergänglichem Glück. Ihr alle gleicht dem Menschen, der seinen Namen vergessen hat. Dieser Hunger der Seele kann nur durch Erkenntnis *(jnāna)* gestillt werden.

Der Geist ist wie ein Torhüter. Er muß von dem Herrn streng überwacht werden. Der Wächter wird nur denen Einlaß gewähren, die seinem Herrn freundlich gesinnt sind, ist es nicht so? Der Geist sollte deshalb nur solche Gedanken und Gefühle zulassen, die seinem Herrn zuträglich sind. Die Geist *(manas)* ist für den Menschen sehr bedeutend, aber sein Einfluß muß eingeschränkt werden, und es sollte ihm nicht erlaubt sein, die Herrschaft zu übernehmen. Erlaubt euren Gedanken nicht, sich mit niedrigen Wünschen und unwürdigen Vorstellungen zu beschäftigen, sondern füttert sie mit kraftspendenden Idealen und verleiht ihnen Standhaftigkeit. Wenn der Geist vollkommen leer ist, offenbart sich die höchste Weisheit *(jnāna)* in ihrer ganzen Herrlichkeit. Wenn die Erkenntnis, daß alles seinem Wesen nach nichts anderes als die göttliche Urenergie *(brahman)* ist, zur lebendigen Erfahrung wird, kann der Körper nur noch 21 Tage lang am Leben erhalten werden. Ein solcher Mensch ist nicht mehr Teil dieser relativen Welt, hat kein Verlangen mehr und ist folglich vollkommen inaktiv. Selbst Essen und Trinken werden überflüssig. Wie kann das Göttlich-Absolute *(brahman)* seiner selbst bedürfen und sich selbst als Speise und Trank aufnehmen? Aller Zusammenhalt geht verloren, das Herz vertrocknet, und der Körper verfällt. Spirituelle Übungen *(sādhana)* halten nur den Spiegel vor das Selbst. Wenn der Spiegel sauber und blank ist, spiegelt er das Selbst wider, und das ist die Erkenntnis der eigenen Wirklichkeit *(ātman)*. Diese Wirklichkeit ist allen gemeinsam und für jeden einzelnen ein und dieselbe.

Die Gemeinschaft mit guten Menschen führt euch zu Gott, während schlechte Gesellschaft euch im Sumpf der materiellen Welt versinken läßt. Wie können wir gute Menschen von den schlechten unterscheiden? Diejenigen, die den Namen des Herrn rezitieren, meditieren, *Yoga*-Übungen ausführen und dem rituellen Gottesdienst beiwohnen, sind auf dem spirituellen Pfad. Diejenigen jedoch, die davon nichts wissen wollen, sollten von allen denen gemieden werden, die nach höherem Wissen und nach dem Glück streben, das kommt, wenn das Kleine groß wird, wenn die Freude des Augenblicks an Bedeutung gewinnt, wenn der Bedürftige großen Reichtum ererbt. Der gute Mensch ist sanft; es fällt ihm nicht schwer, sich dem Älteren und Weisen zu beugen. Das Niederwerfen vor dem Abbild Gottes (namaskāra) bringt die Haltung des „na - mā“ (nicht mein) zum Ausdruck und bedeutet wirklich: „Alles, was ich habe und bin, verdanke ich Deiner Gnade“.

Verbringt eure Zeit in guter Gesellschaft. Reinigt euer Denken mit der Bürste Unterscheidung *(viveka)* zwischen dem Wirklichen und Unwirklichen. Ich verlange nicht, daß ihr euer kritisches Denkvermögen aufgebt. Bewertet, unterscheidet, macht Erfahrungen und analysiert diese Erfahrungen; dann, wenn ihr überzeugt seid, entscheidet euch. Verehrende Liebe zu Gott *(bhakti)*, selbstloses Handeln *(karma-yoga)* und höheres Wissen *(jnāna)* sind drei Türen derselben Halle. Die einen mögen durch diese, die anderen durch jene Tür eintreten, aber alle kommen in dieselbe Halle. Der Weise *(jnānī)* sieht alles als die göttliche Ursubstanz, der Gottliebende *(bhakta)* sieht alles als göttliche Spiele *(līlā)*, und der selbstlos Handelnde (karmayogin) sieht alles unter dem Gesichtspunkt des Dienens. Alles ist eine Frage der Veranlagung, der Neigung und der Entwicklung des Denkvermögens und der Gefühle. Thirumalachar hat gesagt, daß als Folge von falschen Vorstellungen *(māyā)* höhere Erkenntnisse *(jnāna)* verschwinden. Aber diese kommen oder verschwinden nicht. Wenn eine Lampe in diesen Raum gebracht wird, dann sagt man, das Licht sei gekommen und die Dunkelheit gegangen. Aber wohin ist sie gegangen? Löscht das Licht, und es ist wieder dunkel! Die Dunkelheit ist nicht plötzlich durch die Türen wieder hereingekommen und hat den Raum erfüllt. Sie war gar nicht gegangen, sondern war die ganze Zeit hier. Der dunkle Raum war nur erleuchtet und das Licht herrschte vor. So wird auch Weisheit *(jnāna)*, wenn ihr die Gnade des Herrn gewonnen habt, vorherrschen und die falsche Vorstellung, von ihm getrennt zu sein, machtlos werden lassen.

Wie kann Weisheit *(jnāna)* erworben werden? Durch langsames, systematisches Ausschalten aller hinderlichen Einflüsse: Habgier, Lust, Stolz, Neid, Haß und der ganzen hinterlistigen Brut egoistischer Instinkte und Impulse; durch den erzieherischen Einfluß, der durch die Erfahrung von Generationen zusammengetragenen Sammlung von Richtlinien für das Zusammenleben *(dharma)*; durch Studium, Nachdenken und Übung; durch die Analyse der Erfahrungen im Zustand des Wachens, Träumens und des Tiefschlafs; dadurch, daß man lernt, ein unbeteiligter Zeuge dieses zeitlichen Schauspiels zu sein, und dadurch, daß man alles, was trennt und Unterschiede macht, überwindet. Als er gefoltert wurde, hat Prahlāda niemals seinen Vater oder seine Mutter gerufen, wie es andere Kinder tun. Er flehte die, welche ihn quälten, nicht an, ihn zu verschonen. Er sah in seinen grausamen Peinigern Gott *(nārāyana)*, den er anbetete. Für ihn war jedes Ding, jeder Mensch *Nārāyana*. Wie hätte er da Schmerz empfinden und Verletzungen erleiden können? Verwirklichter Non-Dualismus *(advaita)*, die höchste Form der Liebe *(bhakti)* und Weisheit *(jnāna)* befreite ihn. Diese Erfahrung der Einheit ist der höchste Lohn, den der Weg des Non-Dualismus *(advaita)* dem Sucher zuteil werden läßt.

Alles ist ein Traum. Ihr seid die Schauspieler. In einem Theaterstück in *Puttaparthi* wurde die Rolle des Vali einmal dem Sohn eines reichen und die Rolle *Sugrīvas* dem Sohn eines armen Mannes zugeteilt. Daraufhin beschwerte sich Vali und erklärte, er wolle nicht im Kampf mit dem Sohn eines armen Mannes sterben. Er verlangte, daß *Rāma* sein Freund werden und *Sugrīva* getötet werden solle. Aber das Stück kann nicht umgeschrieben werden, wie es euch gerade paßt. Wenn Vali darin sterben muß und ihm diese Rolle zugeteilt ist, dann muß er sterben, so wie Er es beschlossen hat. Wer weiß denn, was die Rolle im Leben vorschreibt, Ruhm oder Schande?

Die Unkenntnis dieser Tatsache ist eine schwerwiegende Krankheit, die frühzeitig behandelt werden muß. Der Arzt, der diese Krankheit des Geistes heilen kann, verschreibt Heilmittel, die gewissenhaft eingenommen werden müssen. Sie dürfen weder alle auf einmal verschlungen noch für Monate oder Jahre vergessen werden. Das gilt für die Medizin ebenso wie für die Schonkost. Einige Leute sagen, sie seien zehn- oder sogar fünfzehnmal in *Puttaparthi* gewesen, als ob man geheilt würde, wenn man oft genug ins Krankenhaus geht. Sie mögen auch jedesmal eine Flasche mit der erforderlichen Medizin bekommen, aber wie können sie Heilung erwarten, wenn sie diese nicht der Verordnung gemäß einnehmen?

Der Weise *(jnānī)* sieht mich nicht als diese Form, die heute ein gelbes und morgen ein rotes Gewand trägt. Er dringt zur nondualistischen Wirklichkeit hinter der Form vor und weiß, daß der Körper nur ein Kleid ist, das für einen bestimmtem Zweck getragen wird. Der nächste *Avatar* wird ein anderes Kleid tragen. Das volle Wissen *(jnāna)* wird durch die Analyse dessen erlangt, was man über das Selbst weiß. Niemand kennt mich, der sich selbst nicht kennt.

Was ihr hier tut, ist selbstloses Dienen *(karmamārga)*, was ihr äußert, ist verehrende Liebe *(bhaktimārga)* und worüber ihr nachdenkt, ist der Weg zur Weisheit *(jnānamārga)*. Was ihr in diesem Augenblick erlebt, ist der Himmel für euch, denn ihr fühlt euch unbeschreiblich glücklich, während ihr meinen Worten lauscht. Ihr denkt jetzt nicht an die verschiedenen Gründe, die euch hierhergebracht haben. Wenn ich geendet habe und weggehe, gleitet ihr zurück in die Welt der vergänglichen Dinge und flüchtigen Wünsche, der irrenden Gedanken und der Zweifel.

Prüft vor allen Dingen euer eigenes Verhalten und euren Glauben. Ist er aufrichtig und unerschütterlich? Wenn ihr in einem fahrenden Zug sitzt, seht ihr die Bäume am Fenster vorbeieilen. Kümmert euch nicht um die Bäume. Beobachtet euch selbst, dann werdet ihr feststellen, daß ihr selbst euch fortbewegt. So ist es auch, wenn ihr andere beschuldigt und auf ihre Fehler hinweist. Ihr werdet erkennen, daß die Fehler in euch selbst liegen, und wenn ihr diese in euch selbst in Ordnung bringt, dann ist die Welt in Ordnung! Weisheit *(jnāna)* ist die Fähigkeit, zwischen dem wirklichen und dem scheinbaren Vorteil, zwischen dem, was den eigenen Fortschritt fördert und was ihn hemmt, zu unterscheiden.

Seid euer eigener Guru, euer eigener Lehrer. Ihr habt die Lampe bei euch, zündet sie an, und geht furchtlos vorwärts. Es ist ein weiter, weiter Weg bis zu der Erkenntnis, daß selbst der Grundsatz: „Alles ist Gott *(brahman)*“ nicht die volle Wahrheit widerspiegelt, denn die Feststellung beruht auf der Annahme von zwei Wesenheiten: „Alles“ und „Gott“ *(brahman)*, während jedoch nur Gott *(brahman)* wirklich „ist“. Aber verzagt nicht. Das ganze Konversationslexikon setzt sich aus den 26 Buchstaben des Alphabets zusammen, und alle Gelehrsamkeit beginnt mit dem Studium des ABC.

Ich bin hier, um euch von der ersten bis zur letzten Lektion zu helfen. Laßt euch nicht durch den Gedanken bedrücken, daß die Folgen vergangenen Handelns *(prārabdhakarma)* euren Fortschritt hindern könnte. Die Folgen eures Handelns in der Vergangenheit sind gespeichert *(sancitakarma)*. Aber es kommt darauf an, was ihr von diesem Vorrat für den gegenwärtigen Verbrauch auswählt. Wenn ihr dabei euren Verstand gebraucht, kann auch dieses Erbe der Vergangenheit *(prārabdhakarma)* angenehm, schmackhaft und der Gesundheit zuträglich zubereitet werden.

Darüber hinaus kann die Gnade Gottes den Einfluß der Vergangenheit aufheben oder abschwächen. Darauf könnt ihr euch verlassen. Wenn das Gesetz von Ursache und Wirkung *(karma)* so starr und unbeugsam wäre, was hätte es für einen Zweck, euch spirituelle Anstrengungen *(sādhana)* und ein rechtschaffenes, tugendhaftes Leben zu empfehlen. Wenn ihr die Gnade Gottes gewinnt, werden sich die Folgen vergangener Handlungen *(prārabdhakarma)* wie Nebel in der Sonne auflösen, und die Morgendämmerung der Weisheit *(jnāna)* wird anbrechen.

Prashanti Nilayam, 30.9.1960

Glossar

advaita	Non-Dualismus; die Einheit aller Dinge; philosophische Schule, welche die Einheit allen Seins lehrt.
ahamkāra	Ego; Egoismus; Selbstsucht; Gebundensein an die Welt.
ahimsā	Gewaltlosigkeit.
ajnāna	Unwissenheit, insbesondere in spiritueller Hinsicht, das göttliche Wesen des Menschen betreffend.
amrita	Nektar der Unsterblichkeit; Nektar der Götter. Er wurde, gemäß der indischen Mythologie, von den Göttern ans Tageslicht gebracht, als diese das Meer aufwühlten.
ānanda	Glückseligkeit; echte, immerwährende Freude, die das Herz erfüllt, wenn alle Bindungen und Wünsche aufgegeben werden.
ānandamaya	die fünfte, innerste der fünf Schichten oder Hüllen der menschlichen Existenz (*kosha*); höchstes inneres Glück; Glückseligkeit.
Ānjaneya	ein anderer Name für *Hanuman*, der vom Namen seiner Mutter "Anjanā" abgeleitet ist. *Ānjaneya* wird auch zu *Krishnas* Zeiten als Inkarnation *Hanumans* erwähnt.
annamaya	die erste, äußerste der fünf Schichten oder Hüllen der menschlichen Existenz (*kosha*); der materielle Körper, der durch Nahrung erhalten wird.
Arjuna	einer der fünf *Pāndava* Prinzen, die im *Mahabharata*-Krieg den *Kauravas* gegenüberstanden.
artha	Mittel zum Lebensunterhalt; eines der vier Ziele, (*purushārtha*), auf die das menschliche Leben ausgerichtet werden kann.
asatya	Unwahrheit; Unwirklichkeit; das Vergängliche; Gegensatz zu dem Wirklichen, dem Unvergänglichen (*satya*).
Ashram	ein Ort, an dem ein spiritueller Lehrer wohnt und lehrt.
ashānti	Unfrieden; Friedlosigkeit; Gegensatz zu innerem Frieden (*shānti*).

Atharvaveda	das vierte der vier Bücher der *Veden*; Gesänge für den vedischen Gottesdienst.
ātman	das wirkliche Selbst; der Funke Gottes im Menschen; die göttliche Seele.
Avatar	Inkarnation des Formlos-Absoluten; Gott, der Gestalt annimmt, um *dharma* wiederherzustellen, wenn dieses unter den Menschen vernachlässigt wird.
Ayodhyā	die Hauptstadt von *Rāmas* Königreich; eine der sieben heiligen Städte.
Āyurveda	das dritte der vier Bücher der *Veden*; altes naturheilkundliches System der Diagnose und Therapie; ein "ganzheitliches" Heilsystem.
Bhagavad Gītā	"Das Lied Gottes"; philosophisches Lehrgedicht über die Geschehnisse des 13. Kapitels des *Mahabharata.*
Bhagavān	der Herr; Gott; ehrerbietige Anrede für einen Erleuchteten; auch Anrede für Sai Baba.
Bhāgavatam	eine der heiligen Schriften der Hindu-Tradition, die *Vishnu* verherrlicht und seine Taten beschreibt.
bhajan	Lieder, in denen die vielen Namen Gottes verherrlicht werden. Sie werden oft von Musik- und Schlaginstrumenten begleitet. Ein Vorsänger singt jeweils eine Zeile, die dann von der Gruppe wiederholt wird.
bhakta	gläubiger Mensch; einer, der auf dem Weg hingebungsvoller Liebe (*bhaktimārga*) nach Gotterkenntnis strebt.
bhakti	hingebungsvolle Liebe zu Gott in einer Form; völlige, unwandelbare Bindung an Gott; höchste Form der Verehrung Gottes.
bhaktimārga	Das Streben nach Erlösung auf dem Weg hingebungsvoller Liebe (*bhakti*).
bhaktiyoga	der Weg der Liebe zu Gott; eine der vier *Yoga*-Disziplinen, die Sai Baba besonders hervorhebt.
Bhārat	Indien; das Land, das Bindung (rati) an Gott (bha) hat; das Land, das einst von König Bharata regiert wurde.
Bhīma	der zweitälteste der *Pāndava* Prinzen; Bruder *Arjunas.*
Bhīshma	Ahnherr der *Pāndavas* und *Kauravas*, der als Oberhaupt beider Familien diese erzogen hat. In dem *Mahabharata-* Krieg kämpfte er als Oberbefehlshaber auf der Seite der *Kauravas.*

Brahmā	einer der drei Aspekte Gottes; Gott als Schöpfer; ein Gott der Hindu-Trinität.
brahmamuhūrta	die für die Meditation günstigen frühen Morgenstunden zwischen 3 und 6 Uhr.
brahman	das ewig-unvergängliche Absolute; die höchste, nichtduale Wirklichkeit; das universale Bewußtsein, das dem Denken nicht zugänglich ist.
Brahmane, Brahmanin	sanskr.: brāhmana; Angehöriger der obersten Kaste der Hindus.
Brindāvan	die Gegend, in der *Krishna* die Kühe weidete; das Gelände bei Whitefield, auf dem sich der zweite Wohnsitz und ein College Sai Babas befinden.
buddhi	höhere Intelligenz; die Kraft des Unterscheidungsvermögens.
Caitanya	ein großer Heiliger, der ganz in der Liebe zu *Krishna* aufging (1485-1534).
cit	absolutes Bewußtsein, die vier Bewußtseinsstufen: Wachen, Träumen, Tiefschlaf und *samādhi* umfassend; *cit* ist der Funke Gottes im Menschen.
Dasharatha	König von *Ayodhyā*, dessen Hauptgemahlin *Kausalyā* ihm den Prinzen *Rāma* gebar.
dayā	Mitgefühl; Barmherzigkeit; Freundlichkeit.
Devakī	Name der Mutter von *Krishna*.
Devotee	engl. Bezeichnung eines gläubigen Menschen, der sich einem spirituellen Lehrer (*guru*) anvertraut hat.
dharma	Rechtschaffenheit; die göttliche Ordnung; ethisch-religiöse Verpflichtung; eines der vier Ziele (*purushārtha*), auf die das menschliche Leben ausgerichtet werden kann.
Dharmaja	Beiname für *Yudhishthira*; ältester der *Pāndava* Prinzen; Bruder *Arjunas*.
Dharmarāja	auch: *Dharmaja*; Beiname *Yudhishthiras*, des Ältesten der fünf *Pāndavas*.
Dhritarāshtra	König und Vater der 100 *Kauravas* und Onkel der 5 *Pāndavas*.
dhyāna	Meditation; Versenkung; das Einswerden von dem Objekt der Meditation (Gott), dem Meditierenden und dem Vorgang der Meditation.
dhyānayoga	der Weg, der durch Meditation zum Einswerden mit

	Gott führt; eine der vier *Yoga*-Disziplinen, die Sai Baba besonders hervorhebt.
Draupadī	"aus dem Feuer geboren"; Tochter des Königs Drupada und Gemahlin der fünf *Pāndava* Prinzen.
dvāparayuga	das "kupferne Zeitalter"; das dritte im Zyklus der vier Weltzeitalter.
ekāgratā	"Einspitzigkeit"; vollkommen auf einen Punkt konzentriert sein.
Gītā	Lied; kurz für *Bhagavad Gītā*.
gopī	Hirtin; die Kuhhirtinnen von *Brindāvan*, mit denen *Krishna* in seiner Jugend spielte und die ihn verehrten; Vorbilder und Symbol für intensive Gottesliebe.
Govinda	ein Beiname *Krishnas*; der "Kuh-Hirte".
guna	Grundeigenschaft; die drei Grundeigenschaften der objektiven Erscheinungswelt: *tamas, rajas* und *sattva.*
Guru	Lehrer; spiritueller Meister, der von Unwissenheit befreit, Illusion zerstört und seinen Schülern den Weg zur Erlösung zeigt.
Hanuman	Feldherr des Affenkönigs *Sugrīva*, der *Rāma* liebevoll verehrte; Anführer der Truppen, die *Rāma* im Kampf gegen *Rāvana* unterstützten.
Hari	wörtlich: Vertreiber der Sünde; Bezeichnung für *Vishnu* und *Krishna*; auch allgemein für "Gott" gebraucht, wenn er sich personifiziert vorgestellt wird.
Hastināpura	Hauptstadt der *Kauravas*.
Hiranyakashipu	Dämonenkönig, von dem im *Mahabharata* berichtet wird; Vater von *Prahlāda*.
jada	starr; apathisch; stumpf; das Unbelebte und Unbewußte.
jagat	die vergängliche Welt; das Universum; die Schöpfung.
Janaka	König von Videha; Vater von *Sītā*; bekannt für sein großes Wissen, seine guten Taten und sein vorbildliches Leben.
japa	wörtl.: flüstern; Rezitation einer der Namen Gottes oder eines *mantra*; Hilfsmittel zur Beruhigung und Läuterung des Denkens.
Jayadeva	Dichter des 12. oder 13. Jahrhunderts, der das lyrische Werk "*Gītā Govinda*" über die jungen Jahre *Krishnas* geschrieben hat.

jīva	die individuelle Seele; Wesenheit; Mensch; das Bewußtsein der göttlichen Seele als "Ich". Sai Baba sagt auch, daß es keine individuelle Seele gibt, sondern daß das Innerste aller Wesen eins ist.
jīvī	das Individuum.
jnāna	höheres Wissen; Weisheit; spirituelle Einsicht.
jnānamārga	das Streben nach Erlösung auf dem Weg des Wissens (*jnāna*).
jnānayoga	der Weg, der zur Weisheit führt; eine der vier *Yoga*-Disziplinen, die Sai Baba besonders hervorhebt.
jnānī	der Weise; der erlöste Mensch; einer, der unberührt von den Versuchungen der Sinne ist und Gott in allen Lebewesen und Dingen sieht.
jyotis	Licht; das Licht als Symbol des Göttlichen.
kāla	wörtlich: Zeit; Beiname für *Yama*, den Gott des Todes.
kaliyuga	das jetzige "Zeitalter des Eisens"; das letzte im Zyklus der vier vedischen Weltzeitalter.
kalpavriksha	der Baum, der alle Wünsche erfüllt.
kāma	Begierde; Lust; Verlangen nach Dingen der materiellen Welt; eines der vier Ziele (*purushārtha*), auf die das menschliche Leben ausgerichtet werden kann.
karma	Tat; Arbeit; Gesetz von Ursache und Wirkung; Pflichterfüllung; die Folgen des Handelns.
karmamārga	das Streben nach Erlösung auf dem Weg selbstlosen Handelns (*karma*).
karmayoga	der Weg des Handelns; in der Welt leben und arbeiten, ohne einen Lohn zu erwarten; eine der vier *Yoga*-Disziplinen, die Sai Baba besonders hervorhebt.
Kauravas	die 100 Söhne von *Dhritarāshtra*, die in dem *Mahabharata*-Krieg den *Pāndavas* unterlagen; symbolisch für die schlechten Eigenschaften des Menschen.
Kausalyā	Hauptgemahlin König *Dasharathas*; die Mutter *Rāmas*.
kosha	Hülle; Umhüllung; es gibt fünf Hüllen, die das Göttliche im Menschen umschließen: *annamaya, prānamaya, manomaya, vijnānamaya, ānandamaya.*
Krishna	*Avatar* zur Zeit des *Mahabharata*-Krieges.
Kuntī	Gemahlin Pandus, des Vaters der *Pāndavas*; Mutter

von *Yudhishthira, Bhīma* und *Arjuna.*

Kurukshetra — eine Ebene in der Nähe von Delhi, auf der die große Schlacht zwischen den *Pāndavas* und *Kauravas* stattgefunden hat.

Lakshmana — *Rāmas* Bruder, der diesen ins Exil begleitete.

līlā — wörtl.: Spiel; das göttliche Spiel der Erscheinungswelt; göttliches Wirken, das Schöpfung, Erhaltung und Auflösung einschließt.

linga — eiförmiges Symbol, in dem *Shiva* verehrt wird; Symbol der Zeugungskraft und der Schöpfung.

Mahabharata — das umfangreichste Epos der Hindu-Mythologie, in dem der Kampf zwischen den *Pāndavas* und *Kauravas* beschrieben wird. Als Verfasser gilt der mythische Weise *Vyāsa.*

mahāshivarātri — wörtl: große *Shiva*-Nacht, jährliches Fest, das im Februar bei Neumond mit Fasten, Gebet und Meditation begangen wird.

manas — Geist (engl.: *mind*); Denken und Fühlen. Die Fähigkeit, Dinge zu verstehen. Der unruhige Geist führt zu Bindungen. Der Geist, der die Sinne beherrscht, dient als Werkzeug beim Streben nach Erlösung.

manomaya — die dritte der fünf Schichten oder Hüllen der menschlichen Existenz (*kosha*); der feinstoffliche Körper mit seinen Wünschen, Begierden und Entscheidungen positiver sowie negativer Art.

mantra — spirituelle Formel, die dem Aspiranten von seinem *Guru* gegeben wird. Das Wiederholen des *mantra* und Meditieren darüber fördert die spirituelle Entwicklung.

māyā — das verhüllende Prinzip, das die Manifestationen des Einen als materielle Wirklichkeit erscheinen und dadurch die Schöpfung entstehen läßt; der erste Wunsch nach "Vielheit"; die primäre Illusion; der Schatten Gottes.

mind — engl. Sammelbegriff für Geist, Fühlen, Denken, Gemüt, Verstand.

Mīra — eine Heilige (1547-1614); Königin von Chitore und mystische Dichterin, die wegen ihrer großen Liebe zu *Krishna* der Welt entsagte.

mithyā	ein Zwischending zwischen dem Wirklichen und dem Unwirklichen; die Welt ist *mithyā*, weil sie weder absolut wirklich, noch vollkommen unwirklich, sondern relativ wirklich ist.
moha	Verblendung; Täuschung, verursacht durch falsche Bewertung vergänglicher Dinge.
moksha	Befreiung des Geistes; Erlösung; Unterbrechung des Kreislaufs von Geburt und Tod; Erlangung ewiger Glückseligkeit; Einswerden mit Gott; eines der vier Ziele (*purushārtha*), auf die das menschliche Leben ausgerichtet werden kann.
nāmasmarana	Rezitieren eines Gottesnamens; ständiges Wiederholen seines Namens und dadurch Ausrichten des Denkens auf seine Wirklichkeit.
nara	Mensch; menschlich.
Nārada	einer der sieben großen Weisen der Hindu-Mythologie; unterschiedlich beschrieben als Sohn *Brahmās*, als Götterbote oder als Zeitgenosse *Krishnas*.
Narahari	ein *Avatar Vishnus*; Gott in der Form eines Löwenmenschen; auch *Narasimha*.
Narasimha	Löwenmensch; die vierte Inkarnation *Vishnus* als *Avatar*; auch *Narahari*.
Nārāyana	das Göttliche, das sich im Menschen manifestiert; Beiname für *Vishnu*, der sich immer wieder als *Avatar* inkarniert.
nishkāmakarma	wörtl: uneigennütziges Handeln; Handeln, bei dem der Handelnde keinen Lohn und keine Gegenleistung erwartet.
OM, omkāra	die erste Schwingung kosmischer Urenergie; Symbol für Gott und *brahman*; heiligster und wirkungsvollster *mantra*; *pranava*.
Pāndavas	die 5 Söhne des Pāndu, die im *Mahabharata*-Krieg gegen die *Kauravas* kämpften und diese besiegten; symbolisch für die guten Eigenschaften des Menschen.
Pandit	Schriftgelehrter; einer, der die heiligen Schriften der Hindu-Religion studiert hat und diese auslegen kann.
paramātman	das höchste Selbst; die universale Seele; die einzige

Realität; Gott; das Absolute, von dem alles ausging, in dem alles ist und in das alles eingehen wird.

paramjyotis — wörtl.: höchstes Licht; das Licht göttlicher Offenbarung.

Parikshit — Enkel *Arjunas*; König von *Hastināpura*; er starb an einem Schlangenbiß. In den sieben Tagen zwischen dem Biß und seinem Tod wurde ihm von dem Weisen *Shuka* das *Bhāgavatam*-Epos erzählt.

Pārvatī — Gemahlin *Shivas*; Mutter des Universums.

Patanjali — Gründer des klassischen indischen *Yoga*; Verfasser des *"Yogasūtra"*; kurz vor oder nach Christi Geburt.

Prahlāda — der erleuchtete Sohn des Dämonen-Königs *Hiranyakashipu*.

prakriti — die materielle Welt; Schöpfung; Natur.

prānamaya — die zweite der fünf Schichten oder Hüllen der menschlichen Existenz (*kosha*): die Sphäre der Lebensfunktionen; Atmung; vegetatives Nervensystem.

pranava — Name der heiligen Silbe *OM*.

prānāyāma — Beherrschung des Atems; Atemübungen, die mit einem *mantra* verbunden werden können.

prārabdha, prārabdhakarma — die Folgen vergangenen Handelns, die jetzt erfahren werden; *karma*, das jetzt ausgelebt wird.

prashānti — göttlicher Frieden; höchster innerer Frieden (*shānti*).

prema — reine, selbstlose Liebe; göttliche Liebe; das Bewußtsein, daß alles eins ist.

premasvarūpa — Verkörperung göttlicher Liebe; einer, dessen Wesen reine, selbstlose Liebe ist.

pūrnimā — wörtl: Tag des Vollmondes; Bezeichnung vieler Feiertage, die an einem solchen Tag gefeiert werden, z.B. *Guru-* oder *Vyāsa-pūrnimā*.

purusha — der Höchste; der Herr; Gott; das Urwesen, von dem alles was ist, ausging; der Schöpfer des Universums; das Selbst im Menschen; die Seele als Manifestation des Göttlichen.

purushārtha — die vier Ziele, auf die das menschliche Leben ausgerichtet werden kann und die, wenn sie richtig gewählt werden, zur Entfaltung des Bewußtseins führen können. Sie sind: *dharma, artha, kāma, moksha.*

Puttaparthi — Name des kleinen Dorfes in Südindien, in dem Shri

	Sathya Sai Baba am 23. November 1926 geboren wurde.
Rādhā	eine der *gopīs*; größte Verehrerin *Krishnas*. Sie wird als die Verkörperung der göttlichen Energie (*shakti*) und als Beispiel totaler Hingabe an das höchste Selbst (*brahman*) verehrt.
rāja	Fürst; König.
rajas, rajasika	aktiv; leidenschaftlich; auf das Ergebnis des Handelns bedacht sein.
rājayoga	wörtl: königlicher *Yoga*; einer der vier wichtigsten *Yoga*-Wege, die zur Vereinigung mit Gott führen. Er besteht aus acht Stufen, die von *Patanjali* aufgezeichnet wurden.
Rāma	*Avatar*, dessen Leben im *Rāmāyana*-Epos beschrieben wird.
Rāmāyana	Epos der Hindu-Mythologie über das Leben *Rāmas*.
Rāvana	Dämonenkönig in Lanka, der *Sītā*, die Gemahlin *Rāmas*, entführte und dann von *Rāma* mit Hilfe *Hanumans* besiegt wurde.
Rigveda	das erste der vier Bücher der *Veden*; Hymnen an die Götter.
Rischi	Bezeichnung eines Weisen, der Gott in sich erkannt hat.
sādhaka	Aspirant auf dem spirituellen Pfad; einer, der sich in geistiger Disziplin (*sādhana*) übt.
sādhana	Übungen zur spirituellen Vervollkommnung, z.B. Meditation, Namensrezitation, selbstloses Dienen.
samādhi	vollkommene Ausgeglichenheit; Stille in Gott; Erlangung der Einheit; neben Wachen, Träumen und Tiefschlaf eine der vier Bewußtseinsstufen, die als *cit* verstanden werden.
Sāmaveda	das zweite der vier Bücher der *Veden*; Priestergesänge zur Ehre der Götter.
samnyāsin	ein Bettelmönch, der alle weltlichen Bindungen aufgibt und die ockerfarbene Robe trägt.
samsāra	Fluß; Kreislauf des Lebens; beständiger Wechsel; der endlose Zyklus von Geburt und Tod.
sanātana dharma	die göttliche Urordnung; ewig gültiges Gesetz.
sancitakarma	die Folgen früherer Handlungen; *karma*, das noch

	nicht ausgelebt wurde.
santosha	Zufriedenheit; innere Freude und Fröhlichkeit.
sat	absolutes, unwandelbares Sein; das einzige wirklich Unveränderliche.
sat-cit-ānanda	Sein - Bewußtsein - Glückseligkeit; das ewig absolut Wirkliche.
satsanga	Zusammenkunft spiritueller Menschen.
sattva, sāttvika	rein; harmonisch; ausgeglichen; tugendhafte Eigenschaften.
sattvaguna	Gelassenheit; Wunschlosigkeit; Reinheit; eine der drei Grundeigenschaften (*guna*).
satya, satyam	Wahrheit; Wirklichkeit; Realität; die Wahrheit, die für alle Zeiten und unter allen Umständen unveränderlich gültig ist.
Satyabhāmā	eine von *Krishnas* vier Gemahlinnen; sie hatte zehn Söhne.
sevā	Dienst am Nächsten; Dienen als Gottesdienst; Helfen als spirituelle Disziplin.
shakti	wörtl.: Kraft; Macht; Energie; in der indischen Mythologie: die Gemahlin *Shivas*; Personifizierung der Urenergie, der Kraft Gottes.
Shankara	großer indischer Reformer und Lehrer der *Vedānta* Philosophie, der im 8. oder 9. Jahrhundert lebte.
shānti	innerer Frieden; Gleichmut.
sharanāgati	Selbsthingabe an Gott; alles Gottes Willen überlassen; das Bewußtsein des Einsseins mit ihm.
Shāstra	wörtl: Belehrung; die *Veden* und alle anderen heiligen Schriften, Kommentare usw.
Shirdi Sai Baba	erste Inkarnation des Sai *Avatars* (1838-1918).
Shiva	einer der drei Aspekte Gottes; Gott als Zerstörer, der auflöst, um Neues zu erschaffen; Gott der Hindu-Trinität.
shivarātri	wörtl.: *Shivas* Nacht; spirituelle Nachtwache bei Neumond zu Ehren *Shivas*; *mahāshivarātri* wird als Festtag mit Fasten, Gebet und Meditation bei Neumond im Februar/März begangen.
Sītā	wörtl.: Ackerfurche; Tochter der Erde; die Gemahlin *Rāmas*.
Sugrīva	König eines Affengeschlechts, der *Rāma* half, *Sītā* von

	Rāvana zurückzugewinnen; sein Feldherr war *Hanuman*.
svarūpa	wörtl: Wesen, Beschaffenheit; Form als Verkörperung eines geistigen Prinzips.
Swami	respektvolle Anrede eines spirituellen Meisters, auch Sai Babas.
tamas, tamasika	dunkel; unwissend; faul; träge; nicht fähig, zwischen Recht und Unrecht zu unterscheiden.
tantra	wörtl: Gewebe, Zusammenhang; es gehört zu den Grundlagen des *sanātana dharma*; sein zentrales Thema ist die göttliche Schöpfungskraft *(shakti)*.
tretāyuga	das "silberne Zeitalter"; das zweite im Zyklus der vier Weltzeitalter.
Tyāgarāja	Heiliger und Dichter; seine Lieder zur Ehre Gottes zählen zu den schönsten der Telugu-Literatur.
Upanishaden	esoterische Abhandlungen der *Veden*; die *Upanishaden* sind Teil des *Vedānta*.
vairāgya	Leidenschaftslosigkeit; Entsagung; Verzicht, aber nicht das Aufgeben weltlicher Dinge, sondern das Lösen der Bindung an diese.
Vālmīki	Verfasser des *Rāmāyana*-Epos; der erste namentlich genannte Dichter der indischen Literatur.
Veda	wörtl.: das Wissen; das heilige Wissen, das in den *Veden* zusammengefaßt ist.
Vedānta	Endteil der *Veden*; die *Upanishaden*.
Veden	heilige Schriften, die den *Veda* enthalten und die Grundlage der Hindu-Religion bilden. Sie bestehen aus dem *Rig-, Sāma-, Yajur-* und *Atharvaveda*.
vijnāna	Lebensweisheit; Unterscheidungsvermögen; höheres Wissen.
vijnānamaya	die vierte der fünf Schichten oder Hüllen der menschlichen Existenz (*kosha*); höhere Intelligenz; Intuition.
vinaya	Bescheidenheit; Disziplin; ein Verhalten, das niemandem Schmerz zufügt.
vishishtādvaita	bedingter Non-Dualismus; philosophische Schule, die lehrt, daß es nur Eines gibt und daß das Zweite des Einen wesentlicher Teil ist.
Vishnu	einer der drei Aspekte Gottes; Gott als Erhalter und Beschützer; ein Gott der Hindu-Trinität.

Vishvāmitra — berühmter Heiliger und Weiser; einer der sieben großen *Rischis*.

viveka — Unterscheidungsvermögen; die Fähigkeit, zwischen dem Vergänglichen und Unvergänglichen zu unterscheiden.

Vivekānanda — 1863-1902; bedeutendster Schüler *Rāmakrishnas*; er gründete den *Rāmakrishna*-Orden, dessen Leiter er bis kurz vor seinem Tode blieb.

Vyāsa — Schreiber; Lehrer; einer, der Texte zusammenstellt; Name für die Verfasser der *Veden*.

yāga — Opfer; Bittopfer, um die Herrschaft über die Sinne zu gewinnen.

Yajurveda — das dritte der vier Bücher der *Veden*; *mantras*; Opfersprüche.

Yama — Gott und König des Todes, der Zeit und der Unterwelt.

Yashodā — Pflegemutter *Krishnas*.

Yoga — Selbstkontrolle; spirituelle Disziplin mit dem Ziel des Einswerdens mit Gott; vier Disziplinen werden von Sai Baba besonders hervorgehoben: *bhaktiyoga, karmayoga, dhyānayoga, jnānayoga*.

Yogasūtra — Werk des *Patanjanli*, des Gründers des klassischen indischen *Yoga*.

Yogi — ein auf Gott konzentrierter Mensch; einer, der *Yoga* praktiziert.

Yudhishthira — der älteste der fünf *Pāndava* Prinzen; auch *Dharmarāja* oder *Dharmaja* genannt. Nach dem Sieg der *Pāndavas* im Krieg gegen die *Kauravas* regierte er als gerechter und gütiger König.